W0048915

Annelies van Grinsven
& Heleen Tichler

Ehe
für
Anfänger

Mehr als 100 Dinge,
die eine clevere Braut
wirklich wissen muss!

LAPPAN

INHALT

Die *Liebe* verleiht Männern Flügel, die Ehe hält sie im *Gleichgewicht.*

Raum zum WACHSEN

*Y*es! Ihr habt den ersten Schritt gemacht, den Sprung ins kalte Wasser gewagt. Habt euch das Ja-Wort gegeben und beschlossen, Liebe und Leid miteinander zu teilen. Du kennst und liebst ihn. Du liebst die Art, wie er sich morgens mit der Hand durch sein Haar fährt. Sein Gefühl für Humor und sein grenzenloses Interesse für dich. Dies wird sich nicht wirklich komplett verändern, doch im Laufe der Zeit erkennst du, dass der Prinz, den du auf seinem weißen Pferd heranreiten sahst, eben doch ein Mann aus Fleisch und Blut ist. Natürlich ist er immer noch deine große Liebe, dein Alles, doch hierzu gehört allmählich auch eine wachsende Anzahl kleinerer und größerer Ärgernisse und Irritationen. Das ist weder verrückt noch beunruhigend. Dies bedeutet weder, dass ihr euch voneinander entfernt, noch das Ende. Es bedeutet lediglich, dass die Flitterwochen definitiv vorbei sind und dass ihr euch immer mehr vertraut und somit wagt, stets mehr von euch zu zeigen. Der Mantel der Liebe wird etwas öfter in den Schrank gehängt, sodass alles, was darunter verborgen war, ans Tageslicht kommt. Eure Heirat hat zwar viele Veränderungen mit sich gebracht, doch es ist jeder von euch zum größten Teil sie bzw. er selbst geblieben. Du hast immer noch Lust mit deinen Freundinnen alleine shoppen zu gehen.

Du hast immer noch Spaß daran, stundenlang über das zu sprechen, was du fühlst, was dir quer sitzt und was mit dir geschehen ist. Und du verstehst immer noch nicht, warum er nicht anruft, wenn es später wird.

Dieses Buch ist nicht nur dabei behilflich, ein realistisches Bild vom Stand der Ehe zu geben, sondern es enthält gleichzeitig eine ganze Reihe Tipps und Ratschläge, damit sie eine gute Ehe bleibt: Ein Bund zweier Menschen, die sich gegenseitig den Raum zum gemeinsamen Wachsen geben.

Vielleicht werden dich manche Tipps und Ratschläge ein wenig überwältigen. Es ist auch keine gute Idee, sie alle gleichzeitig umsetzen zu wollen. Nutze die hier zusammengetragenen Erkenntnisse und setze um, was dich am meisten anspricht. Auch eine Ehe wird nicht an einem Tag erbaut.

Eine gute Ehe ist eine VERBINDUNG, keine Mischung.

Anton Philips

Das regelt er ALLEIN

Ziemlich schnell nach den Flitterwochen wirst du dich fragen, was in Himmels Namen du falsch gemacht hast. Frauen ist es nun mal zu eigen, alles auf sich zu beziehen.

Es muss etwas Schreckliches sein, denn er läuft mit einem verärgerten Gesichtsausdruck herum, meckert, bockt oder schweigt, wenn du ihn fragst, was denn los sei. Je mehr du in ihn drängst, desto mehr zieht er sich zurück.

Nein, er leidet nicht unter PMS und du bist auch nicht der Grund. Er hat einfach ein Problem. Und gewöhnlich spricht ein Mann nicht darüber, weil es ohnehin nichts bringt.

Am Tag nach seiner Hochzeit merkt ein Mann, dass er um *sieben* Jahre gealtert ist.
Francis Bacon

Er denkt hauptsächlich lösungsorientiert: Wenn etwas nicht gut läuft, musst du etwas tun, um dieses Problem zu lösen. Und darüber sprechen gehört nicht dazu. Während Frauen in solch einem Fall meistens bei der Mutter, Schwester oder Freundin um Rat fragen, grübeln Männer im Stillen, wie die „Reparatur" bewerkstelligt werden könnte.

Noch in Gedanken muss er die Lösung bereits gefunden haben. Falls er deinen Rat nötig haben sollte, wird er dich von allein ansprechen. Lasse ihm den Raum, um sich zurückzuziehen. Vertraue darauf, dass es ihm gelingen wird. Hierdurch wächst sein Selbstvertrauen und er wird dich umso mehr respektieren können.

Sich aneinander gewöhnen

Es ist eher selten, dass zwei Menschen heiraten und sofort wie ein flexibles und geschmeidiges Paar durch das Leben gehen. Im Allgemeinen gibt es eine Inkubationszeit, innerhalb der man sich aneinander und an die Gewohnheiten und Eigenarten des anderen gewöhnen muss. Das können Monate, Jahre oder nur Wochen sein. Oder es dauert die ganze Ehe. Auch daran musst du dich wahrscheinlich erst einmal gewöhnen. Auf diesen Seiten folgen nun ein paar ganz typische Anpassungsprobleme.

Wie wir bereits festgestellt haben, werden viele der Herausforderungen durch Kommunikationsprobleme verursacht. Und leider hast du darüber meistens keine Handhabe, da die Ursache bei ihm liegt. Denn Kommunikation gehört nun einmal nicht zu den stärksten Seiten eines Mannes.

Doch du kannst zu einem flexiblen Verlauf eurer Interaktion beitragen.

❤️ Rolle nicht mit den Augen, wenn er schon wieder etwas sucht.

❤️ Er möchte vor allem akzeptiert werden, darum solltest du dir abgewöhnen, ihn verändern zu wollen.

Seufze nicht, wenn er etwas nicht gut macht.

 Er hat in regelmäßigen Abständen das Bedürfnis, sich zurückzuziehen. Lass ihn dann in Ruhe, weil er sonst keine Chance hat, über Probleme nachzudenken oder wieder zu sich selbst zu finden.

Gib niemals Menschen einen Rat, die in den Krieg ziehen oder *Heiraten.*

Spanisches Sprichwort

 Sollte er sich trauen, dir seine tiefsten Gefühle zu erzählen, dann sprich mit niemandem darüber. Denn sollte er das später einmal erfahren, wird er dich so schnell nicht wieder ins Vertrauen ziehen.

Äußere deutlich, was du möchtest, sonst versteht er dich nicht oder interpretiert deine Absichten falsch.

❤ Sage nicht: „Das hab ich dir doch gesagt", wenn etwas falsch läuft.

❤ Gib keine ungefragten Ratschläge, die Chance ist groß, dass er dies als Beleidigung auffasst. Als ob er es nicht selber wüsste oder könnte. Vertraue darauf, dass er sich selber helfen kann.

❤ Kommentiere nicht alles.

❤ Sei taktvoll, wenn er etwas ausgesucht haben sollte, das nicht deinen Geschmack trifft.

❤ Stelle keine Forderungen, sondern frage ihn einfach freundlich. Wenn du ihm Vorwürfe machst, bekommst du nicht, was du möchtest.

❤ Opfere dich nicht auf. Sorge für dich, sodass dein Wohl nicht allein von ihm abhängt.

❤ Weise ihn nicht ab.

❤ Gib offen zu, wenn du Unrecht hast.

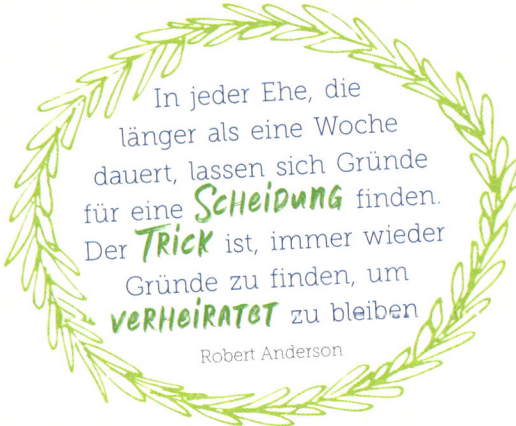

In jeder Ehe, die länger als eine Woche dauert, lassen sich Gründe für eine SCHEIDUNG finden. Der TRICK ist, immer wieder Gründe zu finden, um VERHEIRATET zu bleiben

Robert Anderson

❤️ Tue bei einer Auseinandersetzung nicht so, als ob nichts sei, du verbitterst sonst.

❤️ Gib nicht immer nach, nur um des lieben Friedens willen. Sonst verlierst du dein Selbstwertgefühl.

❤️ Wähle die richtigen Worte, wenn du möchtest, dass er etwas für dich tut. Also nicht: „Kannst du für mich einkaufen?", sondern: „Willst du für mich einkaufen?"

❤️ Sage ihm nicht, wie er etwas zu machen hat.

❤️ Erwarte nicht, dass er Gedanken lesen kann.

❤️ Versuche seine Mängel zu akzeptieren.

❤️ Erteile ihm keine Nachhilfe.

❤️ Begrüße ihn mit einem Kuss und verabschiede ihn auch so.

❤️ Vergib ihm seine Fehler. Dann stehen die Chancen gut, dass er auch auf deine Fehltritte sportlich reagiert.

❤️ Willst du seine Unterstützung, dann musst du ihn darum bitten. Darauf kommt er nicht von allein.

❤️ Stelle ihm nur direkte Fragen, wenn du etwas von ihm möchtest. Ein Verweis oder eine indirekte Aufforderung führen meistens nicht zum erwünschten Resultat.

Ein Blick in die Küche

Irgendwie ist es selbstverständlich, dass die Küche dein Reich ist. Es gelingt dir zwar, jeden Tag etwas Leckeres und Nahrhaftes für euch auf den Tisch zu zaubern, doch ist die Vorstellung, dass du dich nach der Arbeit einfach an den Tisch begibst, um seine Kreationen zu genießen, sehr verlockend. Tja, aber du kannst einfach so gut kochen ...

Bis jetzt überlässt er dir gerne und problemlos das Kochen. Fachmännisch setzt er euer Vorhaben der Gastfreundschaft in die Tat um und lädt regelmäßig Freunde zum Essen ein. Du mühst dich fünf Stunden schwitzend in der Küche an vier Herdplatten und einem glühendheißen Backofen ab, doch das Ergebnis kann sich sehen lassen.

Er ist stolz auf dich und auf sich. Deine Kochkunst lässt schließlich auch ihn glänzen.

Natürlich fühlt er sich nicht elend bei dem Gedanken, auch einmal selbst mit den Töpfen zu experimentieren. Nur, er weiß nicht so recht wie. Überzeuge ihn, nicht sofort seine Mutter anzurufen, damit sie ihn mit Erfolgsrezepten versorgt. Schließlich kennst du die Familienküche bereits.

Das, was du erwartest, ist entweder Kreativität und Schaffensfreude oder eine Art Jamie Oliver.

KULINARISCHE MECHANISIERUNG

Wie war das noch mit Männern und Gerät-
schaften? Dir war so, als hättest du um etwas
Einfaches gebeten, doch er verliert sich bald
ganz und gar in der Optimierung sämtlicher
Küchenpraktiken. Stolz und enthusiastisch
kommt er mit wieder einer anderen
Nudelmaschine, einem Food-Processor, einem
Schneidegerät, Dampfkocher und anderen
Küchenhelfern an und fast alle verschwinden
schnell für den Rest ihres Lebens in den bereits
jetzt schon übervollen Küchenschränken.
Er hat einfach nur einen für ihn weniger
interessanten Bereich netter gestalten wollen,
indem er ihn mit anderen Interessensgebieten
angereichert hat: Erfolg, Würdigung und
Technologie.
Jetzt kommt es darauf an, ihn dennoch für seine
neuesten Errungenschaften zu loben, denn sonst
fühlt er sich nicht respektiert. Darin ist er
nämlich genauso wie du.

Den Kinderwunsch erfüllen

Deine Großeltern konnten nicht wählen: Kinder kamen von selbst, gewöhnlich in einem Abstand von ungefähr anderthalb Jahren. Ihren Kindern, deinen Eltern, standen bereits Verhütungsmittel zur Verfügung und sie hatten somit die Qual der Wahl: Kinder oder keine Kinder, in der Ehe oder ohne Eheschließung. Deine Generation scheint es leichter zu haben, aber das ist, genau betrachtet, nicht der Fall. Du entscheidest dich für oder gegen Kinder und wann du sie bekommst. Diese Wahl muss stets bewusster getroffen werden.

Vernünftig diskutiert ihr, in welche eurer Lebensphasen die Gründung einer Familie am besten passt. Erst Karriere machen? Will einer von euch vorher studieren oder etwas anderes tun? Sind die Lebenshaltungskosten in den ersten Jahren noch zu hoch, bezogen auf zwei Gehälter?

Und es scheint dir, als müsse auch die „Laufbahn" deines Kindes bereits vor der Geburt feststehen. Gibt es auch einen Krippenplatz? In Amerika ist es in vielen Städten nicht ungewöhnlich, bereits an der ausgewählten Grundschule einen Platz zu reservieren, noch bevor du den ersten Kinderwunsch verspürst. Und die Erfahrung lehrt, dass das, was sich in Amerika etabliert, oft auch bei uns zur Normalität wird.

So scheint das Kinderkriegen mehr und mehr ein Strategiespiel zu werden, statt dass du auf dein Herz und deine Hormone hörst.

Unverhofft

Nein, ihr wollt die ersten Jahre noch zu zweit bleiben, häufige Urlaube an ferne Ziele machen und die Karriereleiter mit entsprechendem Gehalt emporklettern. Außerdem ist dir auch noch gar nicht danach, Kinder zu bekommen.

Dann besuchst du deine Freundin oder Schwester im Kindbett und hältst das Kleine in deinen Armen. Und auf einmal bist du dir sicher. Es ist wie ein Urknall in deinem Gehirn und in deinem Herzen. Du möchtest auch eines und zwar JETZT. Hattest du dir ab und zu die Frage gestellt, ob du Kinder haben möchtest – es stellt sich heraus, dass das völlig überflüssig war. Wenn der Kinderwunsch da ist, dann ist er einfach da. Da gibt es keinen Zweifel. Die gesamte Hormonfabrik läuft bereits auf Hochtouren und macht deinen Kopf völlig leer.

Aber es gibt da einen Faktor, mit dem dein Körper nicht rechnet und das ist dein Mann. Bei ihm arbeiten die Hormone völlig anders und wer weiß, vielleicht springt der Funke nicht so schnell von dir zu ihm über.

Kinder kriegt man gemeinsam. Sei nicht sofort frustriert oder enttäuscht, wenn er sich das noch nicht vorstellen kann. Du tust dir und ihr euch als zukünftige Eltern keinen Gefallen, wenn du ihn zu überreden versuchst oder unter Druck setzt. Gib ihm Zeit sich darauf einzustellen und er wird ein viel besserer und glücklicherer Vater sein.

Er wird sich
noch ändern

Jeder Mensch hat Eigenschaften, die dir weniger gefallen. Als ihr euch kennengelernt habt, fandest du bestimmte Züge noch nett, jetzt fangen sie an, dich manchmal zu nerven. Oder dachtest du vielleicht heimlich, dass er sich schon ändern wird oder dass du ihn wirst ändern können?

Genau wie du ist er das Produkt seiner Familie. Eine Familie mit anderen Gewohnheiten und Ritualen, weder besser noch schlechter als die deiner Familie. So sehr er sich vielleicht auch vorgenommen haben mag, bestimmte Dinge ganz anders zu machen als seine Eltern, er hat nun mal Wurzeln, die in seiner Familie gründen und die er nicht leugnen kann. Dieses Paket hat er mit in eure Ehe gebracht und du hast deines mitgebracht, nur mit

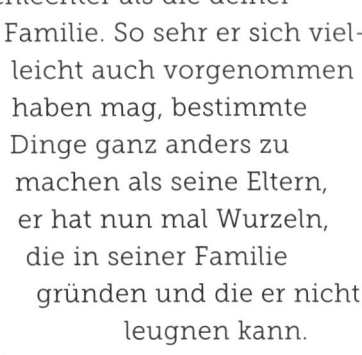

Eine Frau zu Churchill: „Wenn ich mit Ihnen verheiratet wäre, würde ich Ihnen Gift ins Essen tun."
Churchill: „Und wäre ich mit Ihnen verheiratet, ich würde es essen."

anderem Inhalt. Diesen Inhalt konntest du bereits in den Jahren vor eurer Ehe kennenlernen, so viele Überraschungen dürften da eigentlich nicht mehr kommen, dachtest du.

Und doch kann es manchmal enttäuschend sein. Versuche nicht, ihn zu verändern, ihn zu dem für dich perfekten Partner zu formen. Lasse ihm seine Eigenarten. Einen Mann machst du glücklich, wenn du ihn akzeptierst, wertschätzt und respektierst. Natürlich darfst du ab und zu deine Bemerkungen loswerden, aber bitte mache aus kleinen Ärgernissen keine große Sache, die jeden Tag aufs Neue gesagt werden müssen. Akzeptiere, dass er nicht formbar ist und genieße seine kleinen Schritte in die positive Richtung.

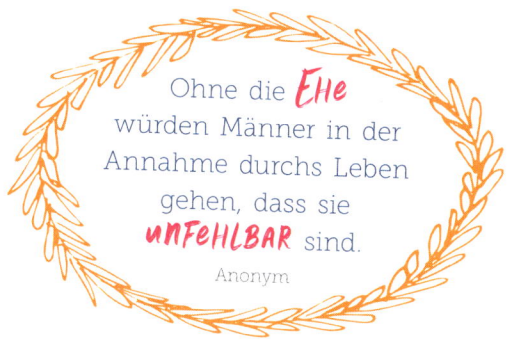

Ohne die **Ehe** würden Männer in der Annahme durchs Leben gehen, dass sie **UNFEHLBAR** sind.

Anonym

Es sind die kleinen Dinge mit GROSSER WIRKUNG

Das Formen und Ausfüllen eurer Beziehung ist ein ständiger Prozess. Du kannst dich nie auf den Lorbeeren ausruhen nach dem Motto: Das wäre geregelt.

Es sind auch nicht die großen Höhepunkte, die die Qualität eurer Beziehung ausmachen. Tägliche Wartung heißt das Geheimnis. Wie, das liegt an dir – an euch.

Dieses Büchlein gibt die nötigen Tipps, die dir helfen, dass eure Beziehung lebendig bleibt.

❤ Stelle keine zu hohen Forderungen an eure Ehe.

❤ Akzeptiere, dass eure Beziehung nicht immer Zuckerschlecken bedeutet.

❤ Sorge dafür, dass dein Glück nicht nur von eurer Beziehung abhängt, sondern dass dich auch andere Dinge beglücken, wie Familie, Freunde, Arbeit, Hobbys usw.

❤ Hab keine zu hohen und unrealistischen Erwartungen an eure Ehe, denn dann wirst du noch häufig enttäuscht werden.

♥ Sei dir bewusst, dass es Unterschiede gibt und dass ihr euch nicht immer einig sein müsst. Dies macht eure Beziehung sogar lebendig.

♥ Sollte einer von euch drohen, zum Workaholic zu werden, muss der andere die Zeitplanung für gemeinsame Aktivitäten übernehmen.

Noch mehr kleine Dinge mit großer Wirkung

♥ Organisiere regelmäßig ein Essen mit Freunden bei euch zu Hause. Das unterbricht den Alltagstrott und du kannst wochenlang davon zehren.

♥ Frühstückt ausgiebig am Wochenende. Besorge zum Beispiel frische Brötchen, presse ein paar frische Apfelsinen aus und serviere den leckersten Kaffee, den du bekommen kannst.

♥ Geht ab und zu ins Kino. Schaut euch einen Film an, der euch beide anspricht. Oder macht es euch auf dem Sofa gemütlich und guckt einen inspirierenden Film. Abwechselnd aussuchen funktioniert meistens am besten.

♥ Geht ab und zu essen oder lasst euch was nach Hause liefern. Kochen muss nicht zur Routine verkommen und essen kann etwas Festliches bleiben. Stelle nicht zu häufig auf Autopilot.

MANCHMAL frage ich mich, ob Männer und Frauen wirklich füreinander BESTIMMT sind. Vielleicht sollten sie NEBENEINANDER wohnen und sich ab und zu BESUCHEN.

Katherine Hepburn

19

SOFA oder HOCKER?

*D*a sitzt ihr nun, zu zweit auf dem von euch (oder dir?) sorgfältig ausgesuchten Sofa. Dann kann das gemütliche Eheleben ja beginnen.

Zusammen auf dem Sofa sitzen, sich in den Armen liegen, fernsehen oder Musik hören, das ist natürlich herrlich. Du fühlst dich geborgen wie in einem warmen Nest. Soll es doch draußen stürmen und regnen. Das kann dich nicht kümmern und du wünschst dir, dass es immer so bleiben möge.

Und dann spürst du neben dir ganz deutlich diese Unruhe. Er rutscht unruhig hin und her, seufzt und schaut immer öfter auf die Uhr.

Nein, er hat nicht genug von dir, aber auch er hat einen Biorhythmus. Vielleicht ist er etwas einfacher als deiner, aber seine innere Uhr sagt ihm, dass es Donnerstagabend ist. Der Abend, an dem die Kumpels immer zusammen losgezogen sind.

Häufig genug hat er von seinen Freunden zu hören bekommen, dass es nach seiner Hochzeit vorbei sein werde mit der Freiheit. Er werde seine Freunde vernachlässigen und wegen seiner Frau nicht mehr mit ihnen losziehen. Und er hat sich dann immer lachend mit dem Spruch herausgeredet, dass er die Hosen anhabe. Nun ist es an der Zeit zu zeigen, dass er noch stets das Sagen hat.

Natürlich kannst du deine Freundinnen vertrösten, in der Hoffnung, dass er das Gleiche mit seinen Freunden macht.

Doch besser ist es, die Freundschaften zu pflegen und zum Beispiel eure Verabredungen mit Freunden auf denselben Abend zu legen.

So erhaltet ihr beide wieder neuen Input und gleichzeitig eure Verbindungen.

Man muss nicht immer zusammen ausgehen.

Das *Geheimnis* unserer Ehe?
Wir nehmen uns zweimal in
der Woche die Zeit auszugehen:
Kerzenlicht, ein Dinner, leise Musik
und danach Tanzen gehen.
Ich gehe *Dienstags*, sie *Freitags*.

H. Youngman

Ein Mann und seine Familie

Wenn sich deine Schwiegermutter zum soundso-vielten Male über deinen Schwiegervater auslässt, dann glaube ja nicht, dass du nun anmerken solltest, dass dir jetzt klar ist, wo die Charakterzüge deines Mannes herkommen. Das geht nicht so einfach.
Sie hat deinen Mann, ihren Sohn, frei von Sünden geboren und so hat sie ihn dir auch übergeben.
Sollte sie nicht umhinkommen anzuerkennen, dass an deinen Äußerungen doch ein Fünkchen Wahrheit ist, dann ist es natürlich deine Schuld.
Hat dich deine Schwiegermutter vor der Hochzeit noch an ihr Herz gedrückt, nach der Heirat bist du nun mal diejenige, die ihr ihren Sohn weggenommen hat.

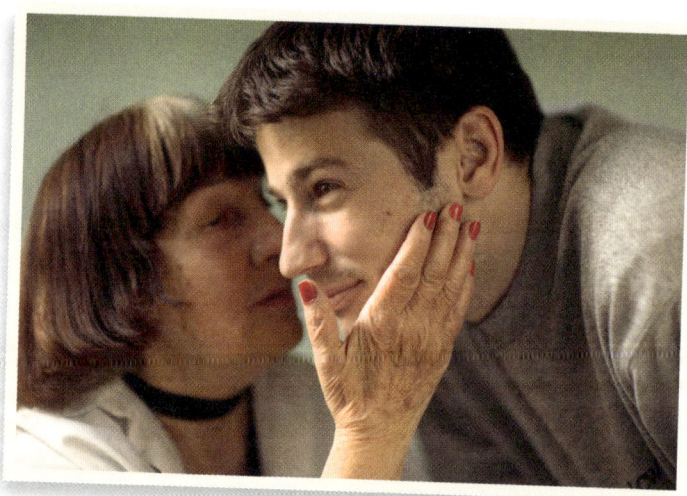

Mach dir nicht zu viel daraus, wenn auf einmal, wenn auch nicht öffentlich, deine Qualitäten als Partnerin angezweifelt werden. Deine Schwiegermutter betrachtet dich nun einmal als diejenige, die ihren Platz eingenommen hat und diese Rolle erfüllst du ganz bestimmt anders, als sie es von dir erwartet.

Mach ihr klar, dass du sie nie wirst ersetzen können (was du ja auch gar nicht vorhast). Mit dem Rest der angeheirateten Familie läuft es in der Regel meistens ganz gut.

Sie kann eine nette Bereicherung deiner eigenen Familie sein. Vielleicht hast du dir deinen Platz innerhalb dieser Familie erkämpfen müssen, aber wenn sie dich einmal akzeptiert haben, dann gehörst du dazu. Und dieses Gefühl wird sich noch verstärken, wenn ihr Kinder bekommt, denn dann hast du sprichwörtlich etwas zu dieser Familie beigetragen. Nimm es dir nicht zu Herzen, wenn du dich bei besonderen Gelegenheiten ausgeschlossen fühlst, zum Bespiel bei einer Beerdigung. Es handelt sich um eine Art Rückkehr zur Basis der Familie: Brüder und Schwestern umarmen einander und regeln alles gemeinsam.

Sprich nicht gleich negativ über seine Familie. Letztlich ist sie das Nest, aus dem er kommt. Die Loyalität zu seiner Familie besteht zudem länger als zu dir. So kritisch er sich auch über sie auslassen mag, es ist etwas ganz anderes, sobald das jemand anderes tut.

Sollen wir darüber SPRECHEN?

Sich unterhalten hat für dich eine völlig andere Aufgabe und Funktion als für ihn.

Für dich ist das Miteinander-Reden über Gefühle, die Beziehung, über dich, eine Art von Intimität. Diese Vertrautheit verringert deinen Stresspegel und somit fühlst du dich besser.

Wieso geht das nicht mit deinem Mann? Stimmt vielleicht was in eurer Ehe nicht?

Nein, Entwarnung. Da ist nichts. Aber das Reden erfüllt nun mal bei Männern eine ganz andere Funktion als bei Frauen. Sich über Gefühle zu unterhalten erhöht nämlich ihr Stressniveau – und dadurch werden sie nicht gerade zu besseren Gesprächspartnern.

Männer unterhalten sich viel öfter in öffentlichen Lokalitäten und das am liebsten mit Männern. Über Computer, Arbeit, Fußball oder den neuesten Schrei. Sie bekommen erst recht das Gefühl, dass mit ihrer Ehe etwas nicht stimmt, wenn sie immer wieder darüber reden sollen. Sie lösen Probleme viel lieber durch Liebkosen, Küssen und Miteinander-Schlafen. Wenn ihr euch unterhaltet, um ein Problem zu lösen, dann würde er am liebsten die Lösung sofort parat haben, wodurch das Gespräch, was ihn anbelangt, zufriedenstellend beendet werden kann.

Du hingegen hast die Neigung, erst alle Fürs und Wider gegenüberzustellen, die verschiedenen Möglichkeiten zu erörtern und erst dann die dir am besten erscheinende Lösung zu wählen.

Er wird probieren, Gespräche dieser Art zu vermeiden. Du kannst es als einen Mangel an Vertrautheit betrachten, während es sich schlichtweg um verschiedene Ausdrucksvarianten handelt.

Und genau hierfür hast du deine Freundinnen. Denn die meisten Frauen haben von Natur aus das gleiche Bedürfnis. Wurde früher vor allem über Haus, Kinder und Alltagsdinge geplaudert, so sind die Gespräche heutzutage oft tiefgehender und auch sinnvoller. Insbesondere, wenn dein Mann dir nicht immer sein Ohr leihen kann, wird dies die Verbindung zu deinen Freund(inn)en verstärken.

Noch ein Grund mehr, nach deinem Hochzeitstag auch andere Beziehungen zu pflegen.

Wer macht WAS?

Noch vor einem halben Jahr war die Sache klar: Ihr macht alles zusammen. Beide arbeiten, machen den Haushalt gemeinsam, gehen gemeinsam einkaufen, machen den Garten zusammen.

Diese wunderbare Regelung bröckelt bereits nach einem Monat. Du arbeitest schon einen Tag weniger und nun wird auch noch von dir erwartet, dass du diesen Tag mit nervigen Haushaltsangelegenheiten verbringst. Stimmt ja, du hast frei und er nicht! Er kann sich bessere Freizeitbeschäftigungen für seinen freien Samstag vorstellen.

Insbesondere die Männer, die nie allein gewohnt haben, neigen dazu, in der Ehe die gleichen Dienste zu erwarten wie im Elternhaus: Das Bett wird gemacht, das Essen steht auf dem Tisch, wenn er nach der Arbeit nach Hause kommt, und dann, wenn er es sich auf dem Sofa bequem macht, bekommt er den Kaffee serviert.

Unter Druck übernimmt er ein paar Aufgaben, wie zum Beispiel Rasen mähen. Du hast das mit einem altmodischen Rasenmäher gemacht, den nur jemand anwerfen kann, der anabole Steroide schluckt. Den Mäher durftest du von zu Hause mitnehmen, da ihn

ohnehin niemand benutzt hat – zu Recht, wie du
nun feststellen darfst.

Er kauft sofort einen elektrischen Rasenmäher, denn
im Kaufen von Geräten sind Männer gut.

Motorisierte Haushaltshilfen. Ihrer Anschaffung geht
eine lange Internetsuche voraus, in Verbraucher- und
Marktplatzseiten. Und schließlich mäht er euer kleines
Rasenquadrat mit dem viel zu teuren Monster.

Darüber kann er sich mit den anderen Männern
unterhalten, Erfahrungen austauschen und damit
prahlen.

So schleicht sich die Rollenverteilung ein und vieles
ist so wie früher zu Hause, während du dir das
ganz anders vorgestellt hattest. Doch letzten Endes
ist es schon nett, wenn der Rasen gemäht und die
Mülltonne an die Straße gestellt wird.

Genauso denkt er auch über die Haushaltsprobleme,
die in seinen Augen prima gelöst sind.

Um wachsenden Ärgernissen zuvorzukommen, kann
jeder von euch eine Liste mit den Dingen machen,
die ihr nicht mögt, die euch aber stillschweigend
untergejubelt wurden.

Bearbeitet diese Liste zusammen und macht danach
etwas Schönes. Am besten gemeinsam.

Die Ehe funktioniert
am besten, wenn beide
Partner ein wenig
unverheiratet bleiben.
Claudia Cardinale

Frei & glücklich online

Untersuchungen haben ergeben, dass Frauen, so merkwürdig es auch scheinen mag, sich eher zu bereits gebundenen Männern hingezogen fühlen als zu Junggesellen. Augenscheinlich ist ein liierter Mann für die Liebe offen und von einer Frau als für „gut" befunden worden. Futter also für noch mehr Konkurrenz – als ob es daran mangeln würde. Beide habt ihr bereits seit Langem ein Profil bei Netzwerken wie zum Beispiel Facebook, lange vor eurer Heirat. Somit datieren also auch die meisten Freunde in der Liste aus der Zeit vor eurer Beziehung. Natürlich sind diese Kontakte sehr oberflächlich und glücklicherweise hängt dein Sozialleben nicht davon ab. Genau wie du guckt er jedes Mal, wenn er den Computer anmacht, kurz auf seine Seite. Das ist gut für sein Netzwerk, sagt er. Dass sich in seinem Netzwerk auch Exfreundinnen tummeln, findest du weniger passend. Und einige Nachrichten, die für ihn hinterlassen werden, scheinen sich auch nicht um berufliche Angelegenheiten zu drehen.

Es gibt nur eine Sache, die schlimmer ist als eifersüchtige FRAUEN: eifersüchtige MÄNNER.

Mies Bouwman

Eifersucht ist eine
Leidenschaft,
die mit Eifer sucht,
was Leiden schafft.

Franz Grillparzer

Du wärst nicht die Erste, die ihre Neigung, ihren Partner im Internet kontrollieren zu wollen, nur schwer unterdrücken kann. Und je mehr flirtende Bemerkungen du findest, desto mehr verzierst auch du dein eigenes Profil mit frivolen Dingen. Und das ist der Punkt, an dem beide von euch eine Atmosphäre von Eifersucht und Misstrauen zu erschaffen drohen.

Dies ist ein häufig auftretendes Gefühl als Folge solcher Netzwerkseiten. In dem Maße, wie jemand mehr Zeit damit verbringt, seinen oder ihren Partner zu kontrollieren, desto mehr Eifersucht weckende Informationen tauchen auch auf. Und so schließt sich der Kreis. Natürlich könnt ihr in solch einer Situation ehrlich darüber sprechen, wie es dir damit geht und wie sich das auf eure Beziehung auswirkt. Wenn das Gespräch ebenso oberflächlich verläuft, dann ist eure Beziehung es nicht wert.

Spiegeln

Die schönste **Ehe** ist die mit dem idealen Mann.

Nein, es geht nicht um die rosarote Brille, die du an eurem Hochzeitstag getragen hast. Nun geht es um die Brille, die Ärger macht, weil sie stets zu hoch sitzt. Sie gehört zu den Top Ten der Hitliste zum Thema „Was mich an meinem Partner stört", zusammen mit dem „Alleinrecht auf die Fernbedienung" und „dir nie zuhören".

Für viele Ärgernisse gilt, dass es erfrischend sein kann, die Sache einmal von der anderen Seite zu betrachten. Findest du es nervig, dass er die Brille nicht nach unten schiebt? Vielleicht findet er es ja merkwürdig, dass du die Brille nicht nach oben schiebst.

Willst du auf Teufel komm raus ein Gespräch mitten in einem Fußballspiel beginnen? Er macht einfach den Ton noch ein bisschen lauter, sodass er nichts verpasst. Deine erste Reaktion ist, dass er dir nie zuhört und ihn eure Beziehung also nicht interessiert.

Will er kurz etwas loswerden, während du es dir gerade auf dem Sofa gemütlich gemacht hast und fernsiehst, dann speist du ihn mit den Worten „jetzt grad' nicht" ab? Damit gibst du ihm etwas an die Hand: Warum erteilst du ihm eine Rüge, wo du doch selbst nicht zuhören willst? Für jedes Ärgernis gibt es eine Kehrseite.

Sprecht über die Ärgernisse, so verhindert ihr, dass aus Mücken Elefanten werden und sich kleine Dinge zu einer großen Sache aufbauschen. Wenn euch die

Abmachung gelingt, dass jeder von euch versucht, ein paar Dinge zu vermeiden und ein paar vom anderen zu akzeptieren, haltet ihr Geben und Nehmen im Gleichgewicht.

Koffer packen und einparken

Ob es nun um Umzug oder Ferien geht, packen kann er besser. Zumindest glaubt er das, denn alles, was du so sorgfältig in den Anhänger oder den Kofferraum gelegt hast, wird mit einem geringschätzigen Blick wieder herausgenommen. Nein, so passt das nicht.

Und tatsächlich, nach einigen Malen des Ein- und Auspackens, konzentrierten Nachdenkens und des Festzurrens der Spanngurte geht doch mehr hinein als du dachtest. So erstaunlich ist das gar nicht, da Männer ein besseres räumliches Denken haben und das äußert sich auf vielen Gebieten.

Beispielsweise wenn er das Auto mit leichtem Schwung fehlerlos in die kleinsten Lücken einzuparken versteht, während du während des Einparkens drei Mal aus dem Auto springst, weil du nicht darauf vertraust, dass es ihm ohne Blechschaden gelingen wird. Darin sind die meisten Männer nun einmal besser.

BeiFAHReR

Der Redakteur einer Männerzeitschrift behauptete, dass das Auto das letzte Bollwerk männlicher Machtbezeugung sei ... Dürfte ein Mann diese bitte auch behalten? Alles wurde ihm bereits genommen: Er darf nicht mehr trinken, rauchen, geschweige denn mit den Kumpels losziehen oder Pornos gucken. Ist nicht. Aber bügeln, putzen, kochen und die Windeln wechseln, das darf er.

Hinter dem Steuer fühlt sich ein Mann meistens noch als Mann und damit geht es hier nicht um einen Herren im Straßenverkehr, denn der entpuppt sich letztlich als Dame. Mit brüllendem Motor und quietschenden Reifen anfahren, den linken Arm lässig aus dem Fenster hängend, das gibt manchmal den speziellen Kick.

Ein *Ehemann* ist das, was übrig bleibt von einem *Geliebten*, wenn man den *Nerv* entfernt.
Helen Rowland

Dass dir als Beifahrerin jedes Mal vom schnellen Beschleunigen und Durch-die-Kurven-Jagen hundeübel wird, das dringt nicht bis zu ihm durch. Also bist du jetzt dran mit Fahren. Das ist prima, wenn ihr abends ausgeht, dann lässt er sich gerne nach Hause fahren, doch davon abgesehen hält er das Steuer doch lieber selbst in den Händen.

Bei den wenigen Malen, an denen er nicht umhin kommt und du am Steuer sitzt, tritt er fast bei jeder Ampel, der du dich näherst, ein Loch in den Boden und umklammert die Armlehen, als säße er auf dem Hinrichtungsstuhl.

Wenn er wirklich zu weit geht, gibt es eine ganz einfache Lösung: Bei der ersten Möglichkeit anhalten, aussteigen und ihm die Schlüssel mit den Worten übergeben: „Hier Schatz, du darfst fahren. Ich fahr nicht mehr bei dir als Beifahrer mit."

Um des lieben FRIEDENS willen

Von Frauen wird schnell erwartet, dass sie sich anpassen und aufopfern. Um des lieben Friedens willen, für Mann und Kinder, die Karriere des Mannes – kurz gesagt – es gibt genügend Phasen im Leben einer Frau, in denen sie diese Rolle spielen kann. Macht dies auf der einen Seite den Anschein von Edelmut, kann man sich andererseits auch die Frage stellen, wer etwas davon hat. Denn, mal ehrlich, was hat der Ehemann von einer Ehefrau, die stets sofort jedem Druck nachgibt und ihre eigenen Wünsche, Träume oder Bedürfnisse beiseite schiebt? Da dein Mann davon ausgeht, dass du schon selbst für dich sorgen kannst, wird er sich nicht gleich fragen, ob du wirklich in allem mit ihm übereinstimmst. Du jedoch gehst wie die meisten Frauen davon aus – oder hegst die Hoffnung –, dass dein Mann hellsehen kann und von allein darauf kommt. Weil du als Frau ein großes Einfühlungsvermögen hast, setzt du dieses auch bei ihm voraus.

Es kommt der Moment, an dem du dich selber fragst, wann du denn nun endlich an die Reihe kommst. Wann du endlich die Dinge machen kannst, von denen du schon immer geträumt hast. Natürlich ist es nie zu spät damit anzufangen, doch weshalb solltest du dich selbst frustrieren?

Sei deinem Mann gegenüber einfach ehrlich und erzähle ihm von deinen Bedürfnissen. Opfere dich nicht auf und gib nicht immer nach, nur damit euer Eheschiff nicht zu sehr ins Wanken gerät. Du kannst nur jemanden glücklich machen, wenn du selbst glücklich bist. Und das fängt bei einem guten Selbstwertgefühl an.

Eine *Gute Ehe* lässt sich nur auf eine bestimmte Art erreichen und sobald ich sie gefunden habe, heirate ich wieder.

Clint Eastwood

Sauber genug

Du brichst dir fast das Genick wegen der Schmutz-wäsche. Seiner natürlich, denn er scheint den Wäschekorb noch stets nicht finden zu können oder nicht zu begreifen, dass da die schmutzige Wäsche hineingeworfen wird.

Das ist mit dem Schuppen nicht besser. Alles, was mit wechselndem Erfolg für eine kleine Sache verwendet wird, liegt nun über die ganze Gegend verstreut herum.

Doch mit
seinem Auto
geht er anders
um. Das wird
öfter gewaschen
als seine Haare. Und nicht nur das. Es wird sogar
noch nach der Wäsche poliert, bis es wieder in
neuem Glanz vor der Tür steht.
Selbst mit dem Staubsauger hantiert er hier fehlerfrei.
Im Haus ist er damit nicht so flott, für sein Auto
jedoch ist kein Berg zu hoch und keine Mühe zu
groß. Jeder Krümel und jedes Sandkorn wird entfernt
und du darfst auch kein Taschentuch in
den Aschenbecher stopfen.
Solltest du richtig verzweifelt sein, dann versuche
deine Nachricht auf originelle Weise zu vermitteln,
indem du beispielsweise all seine Dreckwäsche
in sein Auto wirfst. Wetten, dass es dieses Mal
ankommt?

Es wäre eine
gute Ehe, würden
eine BLINDE FRAU und ein
TAUBER MANN heiraten.
Honoré de Balzac

Sich von einem Mann **SCHEIDEN** zu lassen, weil du ihn nicht liebst, ist fast so verrückt wie ihn zu **HEIRATEN**, weil du ihn liebst.

Zsa Zsa Gabor

Immer auf der SUCHE

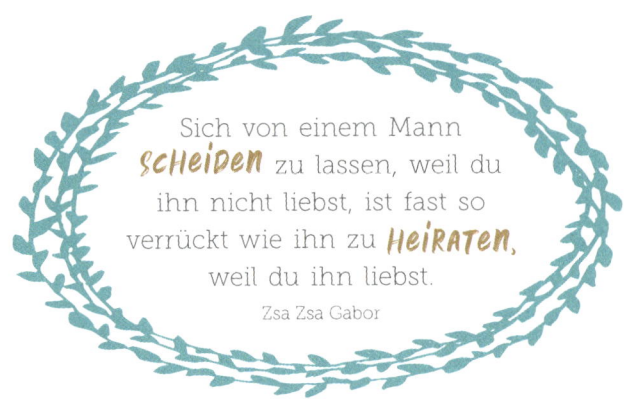

Wo ist der Nussknacker?" – „Wo er immer liegt." Ein möglicher Dialog. Er sucht schnell was, auf jeden Fall findet er nie, was er sucht. Das hat natürlich auch damit zu tun, dass du die Schubladen eingeräumt hast, und zwar so, wie du das zu Hause gelernt hast. Und das kann schon mal eine andere Einteilung sein als die, die er gewohnt ist.

Aber mach dir nichts draus, wenn die gleiche Frage noch nach fünf Jahren kommt, oder nach 25 Jahren. Merkwürdig ist zudem, dass ein Mann etwas verloren hat, bevor er es gesucht hat. Zunächst versuchst du noch, ihn vom Sofa aus zu dem gesuchten Gegenstand zu navigieren: in der Küche, im rechten Schubladenregal, zweite Schublade von oben, im äußersten Fach rechts …

Doch selbst, wenn er davor steht, beinahe mit der Nase im Fach, sieht er ihn nicht. Bis du genug hast, aufstehst, in die Küche läufst und den Nussknacker mit einem Seufzer hervorzauberst.

Das genau hättest du nicht tun sollen, es sei denn, du möchtest für den Rest eurer Ehe diese Rolle spielen.

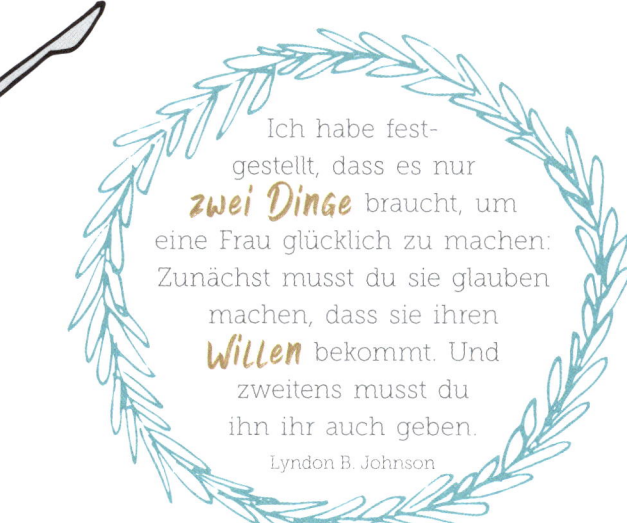

Ich habe festgestellt, dass es nur **zwei Dinge** braucht, um eine Frau glücklich zu machen: Zunächst musst du sie glauben machen, dass sie ihren **Willen** bekommt. Und zweitens musst du ihn ihr auch geben.

Lyndon B. Johnson

VERWUNDBARE
Stellen

*E*ine Frau im Badeanzug ist sich ihrer „Mängel" meistens sehr bewusst. Bauch einziehen, Beine nicht über den Stuhlrand hängen lassen, Schultern nach hinten und so weiter. Ein wirklich entspanntes Sonnenbad ist da kaum drin. Und weshalb verkrampfst du dich so? Wenn der Grund nicht der ist, dass du möglichst vorteilhaft aussehen möchtest, wenn ein netter Mann vorbeiläuft, dann geht es darum, dass du deinen Geschlechtsgenossinnen zeigen möchtest, dass du mithalten kannst.

Was haben es die Männer doch einfach, seufzt du mit deinen Freundinnen. Die machen sich doch darum keinen Kopf? Sie flanieren den Beckenrand entlang, als ob sie Gottes Geschenk an die Menschheit wären und scheinen davon auch überzeugt zu sein. Tatsächlich liegst du mit dieser Einschätzung jedoch ziemlich daneben. Auch Männer können sich am Schwimmbadrand sehr unsicher fühlen.

Die glücklichsten *Ehen* sind die, bei denen keiner von beiden die *Hosen* anhat

Anonym

Eine *FRAU*
liebst du nicht, weil
sie schön ist, sondern
sie ist schön, weil
du sie *LIEBST*.

Gerade, weil sie von Natur aus eine Konkurrenzhaltung innehaben, sind sie sehr auf ihren Körper fixiert. Die Selbstsicherheit ist nur gespielt. Und dass sie ihrem strammen, eingezogenen Bauch wieder seine ursprüngliche Wölbung erlauben, sobald wir Frauen ihnen den Rücken zukehren, kannst du natürlich nicht wissen.

Sollte dein Mann in Badehose wie ein Gockel herumstolzieren, dann solltest du bedenken, dass er schlichtweg seinem Instinkt folgt und seinen Konkurrenten klar machen will, dass du zu ihm gehörst. Ein Liebesbeweis und damit die Bezeugung, dass du es ihm noch immer wert bist.

Noch schnell was einkaufen

Normalerweise machst du meistens den Einkauf oder ihr kauft am Wochenende gemütlich zusammen ein. Aber dann kommt der Moment, wo du beim Kochen merkst, dass dir eine Zutat fehlt, du ihn lieb anschaust und fragst: „Könntest du eben Zwiebeln holen? Dann kann ich in der Zwischenzeit weiterkochen."

> Nimm nur einen Mann zu deinem *Ehemann*, den du als *Freundin* wählen würdest, wäre er eine Frau.
> Joseph Joubert

Zwar leben wir bereits mitten im 21. Jahrhundert und wir sind absolut modern, doch zeigt es sich immer wieder, dass eine gerechte Verteilung der Aufgaben die Ehe harmonischer gestaltet. Männer, die ihrer Frau im Haushalt häufiger zur Hand gehen, machen ihre Frau und damit ihre Ehe glücklicher.

Eine Stunde später liegt die eine Hälfte des Essens ausgetrocknet auf der Anrichte, die andere verkocht im Topf und du sitzt wütend auf dem Sofa.
Und dann kommt dein Schatz stolz mit vier Einkaufstaschen zurück. Er hat nämlich, praktisch wie er nun mal ist, gleich alle Einkäufe erledigt. Als wenn du dich darüber nicht freuen würdest ...
Ja, tatsächlich, die Dinge hattest du gerade nötig: Familienpackung mit Schokoriegeln, Chips, Nüsse, eine Kiste Bier, Würstchendosen und noch mehr derlei Schnäppchen. Höchst zufrieden mit sich stellt er seine Beute auf den Küchentisch, bis das Ganze verdächtig nach der Kantine des lokalen Fußballclubs aussieht.
„Und die Zwiebeln ...?"

Häufig ist die *LIEBE* eine **FRUCHT** der Ehe.
Molière

Das eigene Zimmer

Wer drückt eurer Einrichtung seinen Stempel deutlicher auf? Bist du darin dominanter und ist euer Haus somit nach deinem romantischen oder hypermodernen Stil eingerichtet?

Vielleicht fügt er sich, aber bedenke, dass du seinen Beitrag ziemlich offensichtlich ignorierst. Klar, dass du nicht auf einen Kaminsims voller Fußballpokale erpicht bist, doch musst du ihm schon seinen eigenen Raum, persönlichen Beitrag und seine Requisiten gönnen.

Wenn er mal einen ganzen Tag außer Haus ist, hast du hierzu die Gelegenheit. Schaue erst einmal bei den Schwiegereltern vorbei und hole seine Sachen und Fotos. Sie werden dir ewig dankbar sein, dass du sie davon erlöst hast, denn Kinder haben die Angewohnheit, das Haus ihrer Eltern als Lagerraum zu missbrauchen.

Wenn er seinen eigenen Arbeitsraum hat, kannst du hier gerahmte Fotos aufhängen, beispielweise von seiner Familie oder seinen Freunden. Finde für alte Poster und Ferienerinnerungen, die er seit Jahren aufbewahrt, einen Platz. Kurz gefasst: Lass ihm einen Männerraum mit seinen eigenen Männersachen.

Denk dran, dass er sich überall im Haus genauso wohlfühlen muss wie du. Und sei taktvoll, sollte er einen Einrichtungsgegenstand aussuchen, der nicht deinen Kriterien entspricht. Du kannst ihn platzieren, eine Zeit lang dulden und dann still und leise verschwinden lassen. Zehn zu eins, dass er es nicht merkt oder dass es ihm auf jeden Fall egal ist. Die Tatsache, dass sein Bemühen gewürdigt wird, reicht meistens schon aus.

Vor Liebe überschäumend

Denkst du bei einem besonderen Essen mit deinem Liebsten an Romantik, Kerzenlicht, Rosenblätter und Geigen? Dein Mann steckt solch ein Essen wahrscheinlich in eine ganz andere Ecke. Eine australische Untersuchung hat ergeben, dass es für Männer der Höhepunkt an Genuss ist, wenn die Geliebte für ihn kocht. Davon wird er so romantisch, dass Sex zum unvermeidlichen Nachtisch wird.

Mit diesem Hintergrund kannst du ihn überraschen, wenn du ihm ein sexy Essen mit speziellen Gerichten, so wie Lust weckende Häppchen, servierst. Was hältst du von einer Zusammenstellung aus Austern, Kaviar, Hummer, Spargel, Tomaten, Pfirsichen und Pfeffer? Reiche dazu ein Glas Absinth. Hier nicht zu großzügig sein, denn Alkohol kann auch einen gegenteiligen Effekt haben. Dann endet er zwar auf dem Sofa oder im Bett – aber schnarchend.

Nach 27 Ehejahren sind meine Frau und ich **sexuell** endlich aufeinander eingespielt. Wir haben jetzt beide gleichzeitig **Kopfschmerzen.**

Clifford Kuhn

Übrigens denkt er, auch ohne deine Bemühungen, im Schnitt dreißig Mal pro Tag an Sex.
Im Durchschnitt wohlgemerkt. Säuglinge, Hochbetagte und Krankenhauspatienten mit eingerechnet. Und das, woran ein Mann denkt, will er gerne in die Tat umsetzen. Auch wenn du da gerade nicht dran denkst. Noch so etwas, an das du dich gewöhnen musst und womit ihr beide lernen müsst umzugehen.

Ich sehe was, was du nicht siehst

Eine gute Ehe bedeutet: Die **FARBEN** des Lebens mit den **AuGen** des anderen zu sehen.

Phillips Oppenheim

Heute geht ihr zwei aus. Du musst nicht superchic sein, möchtest aber doch gepflegt aussehen und somit auch einen gut gekleideten Mann an deiner Seite wissen. Fünf Minuten bevor ihr das Haus verlassen wollt, kommt ein Paradiesvogel die Treppe herunter. Du hast dich zwar schon öfters über seine Farbwahl mokiert, aber das schlägt einfach alles. Merkt er wirklich nicht, dass diese Kombination in den Augen weh tut oder ist er einfach zu faul, um sich darum Gedanken zu machen?

Es gibt noch eine andere mögliche Ursache: Er ist farbenblind. Einer von zwölf Männern ist farbenblind (im Gegensatz zu Frauen, wo auf zweihundertfünfzig eine farbenblinde Frau kommt), wobei Rot-Grün-Blindheit am häufigsten auftritt. Es besteht also die Chance, dass dein Mann einer von ihnen ist. Und so kann das Heranfahren an eine Ampel an einem sonnigen Tag zu spannenden Situationen führen. Zum Glück haben rotes und grünes Licht einen festen Platz. Häufig sieht ein Mann hellrosa oder hellrot als schwarz oder dunkelgrau, auch wenn sich das schwer zusammenreimen lässt mit dem Ergebnis einer Untersuchung, dass Männer sich von der Farbe rot angezogen fühlen. Eine in Rot gekleidete Frau

wirkt attraktiver und williger aus der Sicht eines Mannes. Auch macht ihn die Farbe großzügiger. Tatsache ist, dass du ihn erst einen Rot-Grün-Test machen lassen solltest, bevor du viel Zeit und Geld in eine neue Garderobe investierst.

Operation „SHOPPEN"

Du musst an die Ehe glauben, so wie du an die UNSTERBLICHKEIT der Seele glaubst.
Honoré de Balzac

Warum geht er nur so ungern shoppen? In Freuden kannst du damit einen ganzen Tag verbringen, allein, oder, besser noch, mit deiner Schwester oder einer Freundin. Von einem Geschäft zum anderen, rein in die Umkleide, raus aus der Umkleide, wieder rein in die Umkleidekabine und wieder raus, gegenseitig die Einkäufe bewundern oder die andere ermutigen, zwischendurch gemütlich Kaffee trinken mit was Leckerem dabei, quatschen. Kurz und gut, damit könntest du jeden Tag verbringen.

Und genau dieses ganze Prozedere findet er so schrecklich. Dieses endlose Hin- und Her-Gerenne und Gesuche. Und wenn dann auch noch eine Verkäuferin in dem Moment angelaufen kommt, in dem er gerade die Nase aus der Umkleide steckt, dann ist er restlos bedient!

Um dem Kommentar zweier Frauen gleichzeitig zu entkommen, möchte er sofort gehen, „da die ja doch nichts Vernünftiges haben", oder noch schlimmer, er kauft einfach irgendetwas, das auf ewig im

Kleiderschrank verschwindet nur, um so schnell wie möglich von seinen Leiden erlöst zu werden. Trotz alledem muss nun mal ab und zu etwas Neues gekauft werden. Jage dir schnell die fixe Idee aus dem Kopf, dass er dieses Mal Lust dazu hat und dass heute der gemeinsame Einkaufsbummel eine gemütliche und entspannte Angelegenheit werden könnte. Versuche, dich in seine Erlebniswelt zu versetzen und mache aus dem Ganzen eine effiziente, zielgerichtete Angelegenheit, die du mit militärischer Präzision planst und ausführst. Wähle als Erstes die Läden aus, in denen du Kleidung nach seinem (und deinem!) Geschmack gesehen hast und bereite ihn am Vortag vorsichtig auf das Unvermeidbare vor. Wenn du nicht wissen solltest, wie du das anstellen sollst, dann stell dir den Zahnarzt vor, wie er dir erzählt, dass er die Wurzelbehandlung beim nächsten Besuch wirklich machen muss.

PRAKTISCH, es im Haus zu haben

Nein, die Feinheiten liegen ihm nicht so. Er hat das besondere Talent, sich ständig zu vermessen, sodass euer Schuppen in kürzester Zeit gefüllt ist mit zu kurz geschnittenen Brettern, zu kurzen Kabeln und anderen unbrauchbaren Randerscheinungen zweier linker Hände.

Gerade dachtest du, dass du nie wieder einen Fachmann anrufen müsstest für die üblichen Arbeiten im Haus, so scheint dies nun eine billigere Variante zu sein als deinen Mann zu bitten. Er kann es einfach nicht und es klappt auch nie. Und das hättest du dir schon lange denken können, denn deinem Schwiegervater fehlt ebenfalls das „Handyman-Gen".

So etwas muss man nämlich von klein auf zu Hause lernen. Zugucken, wenn Papa am Auto bastelt. Beim

Lasse FREIRAUM in eurem Miteinander, sodass der HIMMELSWIND hindurchwehen kann.

Kahlil Gibran

Zimmern mithelfen, bohren, sägen, Malerarbeiten und mauern.
Das lernt man nicht aus einem Buch. Genauso, wie du dir die Verwaltung des Haushaltes auch nicht durch einen Kurs beigebracht, sondern dadurch erlernt hast, dass du deiner Mutter geholfen hast.
Ein Mann wird gerne von seiner Frau wegen seiner Talente bewundert. Und von denen wird er ohne Zweifel einige besitzen. Streue also kein Salz in die Wunde und halte ihm vor, dass ihm dieses fehlt.

Heute machen viel mehr Frauen Do-it-yourself-Dinge selbst, die früher vom Herrn des Hauses ausgeführt wurden. Die Damen sind es meistens leid zu warten, bis der Liebste Hammer oder Farbtopf ergreift. Als hättest du nicht schon genug zu tun ...

Die KRANKENSCHWESTER in dir

Auf Zehenspitzen, mit einer Tasche voller Hustensaft, Hals- und Vitamintabletten kommst du nach Hause. Auf dem Sofa liegt, unter einer Decke, ein schniefendes Häufchen Elend. Er hat die Grippe. In deiner Welt nennt sich das „erkältet", aber nein, er hat die Grippe, dass du das auch ja weißt.
Entpupptest du dich anfänglich noch als eine Florence Nightingale, nach zwei Tagen unablässigen Wärmflaschenfüllens, Saftauspressens und Kissenaufschüttelns hast du langsam genug davon. Du kannst den Moment, in dem er sich für „besser gestellt" erklärt, kaum erwarten. Zudem hast du inzwischen andere Ideen, was du mit dem Kissen anstelle von Aufschütteln machen könntest.
Viele Männer haben die Eigenart, sich bei der Ausführung kleinerer Handwerksarbeiten den Finger halb abzusägen, um dann den starken Mann zu markieren und nur um ein Pflaster zu bitten.

Das Schöne zwischen Mann und Frau ist, dass sie einander nicht verstehen.
Godfried Bomans

Als verheiratete Frau machst du im Allgemeinen mehr im Haushalt als dein Mann. Schon schnell entdeckt er, dass du ihn besser umsorgst, je mehr er dich lobt. Ist das Liebe oder Manipulation?

Doch eine laufende Nase wird gründlich durchlitten. Außerdem wird von dir erwartet, dass du ihnen viel Aufmerksamkeit schenkst. Dabei ist dein Mann keine Ausnahme. Er erwartet und verlangt, dass du ihn während seiner schweren Prüfung auf dem Sofa liebevoll umsorgst, hegst und pflegst. Wahrscheinlich konntest du dieses Verhalten bereits bei deinem Vater beobachten. So wird denn auch aus Untersuchungen deutlich, dass Frauen, um einer Erkältung vorzubeugen, früher ins Bett gehen, mehr Obst essen und extra Vitamine schlucken. Männer sagen häufiger, dass sie nichts machen. Logisch. Sie wissen ja, dass „Florence" allzeit für sie da ist.

Trockne deine Tränen

*I*m Durchschnitt verbringt eine Frau um die 12.000 Stunden mit ... Weinen! Mit einbezogen sind auch das Weinen als Baby, wenn die Windel voll war, Langeweile, Hunger oder Schmerz. Wenn sie älter sind, weinen Frauen meistens wegen Beziehungsproblemen, Filmen, vor Erschöpfung, während der Schwangerschaft oder wegen des Todes eines geliebten Menschen. Aber keine Bange, denn in diesem Falle ist Weinen gesund und verringert den Stress. Vor allem, wenn du mit einem lieben Wort, einem Schulterklopfen oder einer Umarmung getröstet wirst. Es ist Sache deines Partners, hiermit umgehen zu lernen.

Ich bin eine ausgezeichnete Haushälterin: Jedes Mal, wenn ich einen *Mann* verlasse, halte ich das *HAUS.*

Zsa Zsa Gabor

WAS GENAU meinst du eigentlich?

Du sagst nicht immer, was du meinst. Und er auch nicht.

Kommt dir diese Situation bekannt vor?

Du sagst: „Wir müssen unbedingt den Dachboden aufräumen. Sollen wir das nächstes Wochenende machen?" Oder du sagst: „Ich möchte mal wieder ein Wochenende weg. Wie stehst du dazu?"

Du glaubst, einen Vorschlag gemacht zu haben, aber sieht er das auch so?

Nein.

Für ihn klingt das wie ein Befehl. Er fühlt sich manipuliert und bockt: „Nein, dieses Wochenende bin ich mit den Jungs zum Angeln verabredet."

Es geht auch anders. Du musst lernen, dass er gerne wissen möchte, woran er ist. Wenn du etwas wirklich möchtest, musst du nicht drum herum reden. Viel besser ist es, die Sache direkt anzusprechen.

Tipps für ein
BESSERES MITEINANDER

- Schau ihn an, wenn du mit ihm sprichst.

- Falle ihm nicht ins Wort.

- Höre ihm aufmerksam zu, ohne zu urteilen.

- Nehmt euch regelmäßig Zeit, um miteinander zu reden.

- Geh bei einer Meinungsverschiedenheit nicht sofort in die Offensive, indem du ihm Vorwürfe machst oder ihn beschuldigst.

- Nimm seine Bitten und Anmerkungen ernst und reagiere auf sie.

- Versuche nicht, immer Recht zu bekommen.

- Äußere deine Gefühle und Emotionen.

- Teile deine Sorgen und Probleme mit ihm, damit er weiß, was dich bewegt und was dich beschäftigt.

- Nimm aufrechtes Interesse an ihm.

- Sag einmal nach einem Streit als Erste: „Es tut mir leid."

- Nimm es ihm nicht so krumm, wenn er etwas in deinen Augen nicht gut macht.

Was du möchtest...

Jede Ehe ist glücklich, es ist das darauf folgende Zusammenleben, das die Probleme verursacht.

James H. Boren

Mann und Frau sind gleichwertig, aber nicht gleich. Ohne nun sofort zu behaupten, der eine käme vom Mars und die andere von der Venus, können wir zuverlässig feststellen, dass nicht nur körperliche Unterschiede genetisch bedingt sind. Auch die Abläufe im Gehirn scheinen bei Männern und Frauen verschieden zu sein, sodass Gesten einfach anders ankommen.

Sie...

... hofft, dass er sich noch ändern wird.

... möchte vor allem über Probleme reden.

... erwartet, dass er merkt, dass sie sich nicht gut fühlt und darüber reden möchte.

... findet, dass er von sich aus zeigen muss, dass sie ihm etwas bedeutet.

... will vor allem verstanden und respektiert werden.

Was er als selbstverständlich empfindet, da steht
dir der Verstand still.
Was für dich die normalste Sache der Welt ist,
da kann er sich keinen Reim draus machen
(Schokolade ist übrigens mehr dein Ding als seines).
Auf diesen Seiten sind einige der wichtigsten
Unterschiede zwischen deinem und seinem Denken
aufgelistet. Alles zu wissen
heißt alles zu verstehen
und letztlich bedeutet alles
zu verstehen auch alles
vergeben zu können. Und
das ist das beste Rezept für
eine gesunde Beziehung.

Er ...

... hofft, dass sie sich nicht ändert.

... will Probleme lösen.

... zieht sich zurück und möchte in Ruhe gelassen werden,
wenn er sich nicht gut fühlt.

... glaubt, dass sie ihn schon ansprechen wird, wenn sie
etwas auf dem Herzen hat.

... möchte akzeptiert und gewürdigt werden und es ist ihm
wichtig, dass ihm vertraut wird.

Sie...

... mag kleine Liebesbeweise.

... erwartet, dass ihr Mann ihr bester Freund ist.

... spricht über ihr persönliches Leben und ihre Beziehungen.

... sucht Unterstützung und Zustimmung und gutes Einvernehmen ist ihr wichtig.

... legt besonders viel Wert auf Liebe, Beziehungen und Kommunikation.

... zieht sich zurück, wenn ihr Mann sie verletzt oder enttäuscht. Deshalb fasst sie eine distanzierte Haltung ihres Gatten oft verkehrt auf.

... erkennt die Bedürfnisse eines anderen und bietet von sich aus Hilfe an.

... äußert sich indirekt, da ihr Verhalten auf die Bedürfnisse des anderen ausgerichtet ist. Das Gefühl der Verbundenheit ist ihr am wichtigsten.

Er ...

... findet überdeutliche Liebesbezeugungen wichtig.

... weiß nicht, worüber Frauen reden wollen und verspürt auch selbst keinen großen Redebedarf.

... redet über Politik, Sport und dergleichen, aber nicht über persönliche Belange.

... liebt es zu diskutieren und zu debattieren. Er verweist früher auf die andere Seite der Medaille und nennt die Schattenseiten beim Namen.

... ist vor allem interessiert an Macht, Prestige, Erfolg und Technologie.

... hat von Natur aus ein wechselndes Bedürfnis nach Intimität mit seiner Partnerin, da er auch ein großes Bedürfnis nach Freiheit und Unabhängigkeit hat.

... gibt Unterstützung, wenn er darum gebeten wird.

... kommuniziert auf direkte Art. Er richtet sich mehr auf die Bedeutsamkeit der Information und beharrt mehr auf Tatsachen und Meinungen.

63

So machst du ihn
GLÜCKLICH

Dein Mann ist auch nur ein Mensch. Ab und zu ist er verunsichert und braucht Bestätigung. Es ist förderlich für deine Beziehung, ihm diese auch zu geben.

- Lass ihn spüren, dass du ihn brauchst.
- Versuche, das Positive zu sehen, wenn ihr mal wieder nicht weiterwisst.
- Freue dich, ihn zu sehen.
- Frage ihn nach seiner Meinung.
- Lerne mit seinen Witzen umzugehen.
- Gib ihm regelmäßig recht.
- Bewundere seine Kraft.
- Lass es ihn spüren, dass du ihn wegen seiner Talente bewunderst.
- Würdige ihn für das, was er für dich tut.

> Weshalb müht sich eine Frau zehn Jahre lang ab, die **GEWOHNHEITEN** eines Mannes zu ändern, um sich dann zu beklagen, dass er nicht mehr der Mann ist, den sie einst geheiratet hat.
>
> Barbara Streisand

Nur Augen für ihn
Widme in der Öffentlichkeit anderen Männern in seinem Beisein wenig Aufmerksamkeit und flirte nicht, wenn er dabei ist. Vielleicht denkst du, dass das gut für dein Ego ist, aber das wiegt die Kränkung des Ehegatten nicht auf.

➤ Koche ab und zu sein Leibgericht und entdecke seine Vorlieben beim Essen. Frage deine Schwiegermutter nach seinem(n) Lieblingsessen. Wenn du sie zudem noch um das Rezept bittest, hast du bei ihr bestimmt einen Stein im Brett.

➤ Mache ihm ein Kompliment über sein Äußeres.

➤ Genau wie du möchte er eine Bestätigung, dass das, was er tut, gut ist.

➤ Kleine Geschenke fördern auch die Beziehung. Geschenke im Bereich Musik, Sport oder Unterhaltungselektronik, entsprechend seines Interesses, werden unter Garantie dankbar aufgenommen.

➤ Lasse es dir anmerken, dass du den Sex mit ihm genießt.

Und noch mehr kleine Dinge mit GROSSER WIRKUNG

❤ Verhandle bei einem Konflikt. Suche den Mittelweg und wähle die Win-win-Situation. Wofür entscheidest du dich: dafür, recht zu behalten oder glücklich zu sein?

❤ Probiere jede Woche ein neues Rezept aus. Es ist keine Katastrophe, wenn mal eines missglückt. Einfach wegwerfen und irgendwo was essen gehen oder was kommen lassen. Hab immer etwas zum Essen (Pizza und dergleichen) in der Tiefkühltruhe, was sich schnell und unkompliziert zubereiten lässt. Das wirst du öfter mal brauchen, wenn es schnell gehen soll. Kontrolliere regelmäßig das Haltbarkeitsdatum.

❤ Ausgehen ist nicht nur was für unverheiratete Paare. Im Gegenteil: Vielleicht tut es euch gut, wenn ihr hin und wieder mal ausgeht. Geht auch ruhig mal in ein Konzert oder ins Theater.

♥ Solltest du dich den ganzen Tag über etwas, das er versäumt hat, geärgert haben, dann konfrontiere ihn nicht sofort damit, wenn er nach Hause kommt. Warte erst mal ungefähr eine Stunde damit. Wer weiß, vielleicht findest du es auf einmal gar nicht mehr wichtig, ihn darauf anzusprechen.

♥ Der Trott schleicht sich schnell in eine Beziehung ein und höhlt sie von innen aus. Unternehmt deshalb regelmäßig etwas, was ihr beide schön und entspannend findet. Und plane es im Voraus und lege hierfür einen Termin fest. Das ist nicht übertrieben und es geht auch nicht auf Kosten der Spontaneität.
Im Gegenteil: Oftmals ist dies der einzige Weg, dass ein Vorhaben auch wirklich umgesetzt wird.

♥ Fahrt in regelmäßigen Abständen für ein Wochenende weg. Lasst alles stehen und liegen und übernachtet zum Beispiel in einer Stadt, die ihr noch nicht kennt. So lernt ihr auch ganz neue Seiten von euch kennen.

♥ Teilt die im Haus zu erledigenden Aufgaben unter euch auf. Bezieht dabei euer jeweiliges Talent, Vorlieben und die Zeit mit ein. Achtet darauf, dass die Aufgaben zu beider Zufriedenheit, also angemessen und gerecht, verteilt sind.

Das grünäugige MONSTER

Eifersucht ist die Quelle vieler Konflikte und ein
vielköpfiges Monster. Diese Grundemotion äußert
sich auf sehr vielfältige Weise und führt zu einer
breiten Skala an Verhaltensweisen und Strategien.
Es ist ein noch eher harmloses Zeichen von Eifersucht,
wenn du ihn bei öffentlichen Gelegenheiten ständig
berührst, um deutlich zu machen, dass ihr zusammen
gehört.

Andererseits gehört das Flirten mit anderen genau
zu den Verhaltensweisen, die Eifersucht auslösen
und dir das Gefühl geben können, wichtig zu sein.
Schlecht über mögliche Rivalinnen zu sprechen ist ein
untrügliches Zeichen für Eifersucht und zeigt, dass du
dich schwach fühlst, ist also nicht gerade ein Zeichen
für Stärke.

Unangenehmer wird es, wenn du versuchst, ihn zu
durchschauen, indem du heimlich seine Post öffnest,
seine Kleidung durchsuchst, E-Mails und Telefonate
checkst oder selbst in einem unerwarteten Moment
anrufst. Pass auf, dass du nicht in extremen Besitz-
anspruch verfällst und versuchst, ihn vollkommen
in Beschlag zu

> Ich glaube nicht, dass mein **Mann** sehr **TREU** ist. Mein letztes Kind hatte überhaupt keine Ähnlichkeit mit ihm.
> Wiet van Broeckhoven

Eine alte Volksweisheit besagt, dass eine Frau, die ihren Ehering verliert, auch ihren Mann verlieren wird. Achte also darauf, dass dir das nicht passiert.

nehmen und von sämtlicher eventueller Konkurrenz abzuschirmen.

Alle diese Verhaltensweisen zeugen von wenig Vertrauen, was nicht gerade zur Qualitätsverbesserung eurer Beziehung beiträgt. Meistens führt solch ein Verhalten nämlich genau zu dem, was du zu verhindern versuchst.

Die beste Medizin gegen übermäßige Eifersucht ist, dem Partner zu zeigen, wie viel er dir bedeutet. Natürlich hat Eifersucht auch ihre guten Seiten. Genau betrachtet ist sie ein Zeichen für Liebe, wenn auch kein so schönes. Sie ist ein Urinstinkt, der Rivalinnen eliminieren und den Fortbestand der Beziehung sichern soll. Nimmt Eifersucht jedoch einen zu großen Raum ein, dann stellt sie eine Bedrohung für eure Beziehung dar. Andererseits kann es zu Zweifeln an den Gefühlen des Partners führen, wenn gar kein Funke von Eifersucht im Spiel ist.

Ein Moment für DICH

So sehr ihr euch auch liebt, für eure Beziehung ist es besser, wenn ihr nicht alles zusammen macht, sondern beide noch euer eigenes Leben lebt.

Gebt euch den Raum, um euch zu verwirklichen. Dies bedeutet, dass ihr beide eure eigenen Interessen habt und diese auch in die Tat umsetzt. Hierfür musst du Zeit erübrigen – Zeit, die du ohne deinen Partner verbringst. Das hält deine Beziehung frisch, weil du deine eigene Persönlichkeit in

Wahrscheinlich war es Anna de Bretagne, die 1499 bei ihrer Heirat mit Ludwig XII. das

weiße Brautkleid

populär machte. Sie setzte hiermit eine alte römische Tradition fort, wonach Weiß die vorherrschende Farbe war, wenn es etwas zu feiern gab. Mit Jungfräulichkeit hatte das weiße Brautkleid also ursprünglich nichts zu tun, auch wenn dies allgemein so angenommen wird.

deine Beziehung einbringst. So bleibst du für deinen Partner spannend und anziehend.
Es ist gut, wenn ihr viele Gemeinsamkeiten habt, aber ihr dürft einander auch nicht ersticken. Ein Hobby ist prima, aber mach auch etwas außer Haus, wo du andere Menschen triffst. Ob es sich nun um einen Kurs handelt, den du besuchst oder einen Besuch bei Freunden oder Familie, die Mitgliedschaft in einem Verein, ehrenamtliche Arbeit, einen Ausflug mit einer Freundin. Es geht darum, dass du dich weiterentwickelst und neue Erfahrungen machst.

Eheringe:
Die kleinsten
Handschellen
der Welt.
Anonym

So kenn ich dich nicht
So kenn ich dich

Es ist eine Kunst, mit den männlichen Eigenarten umzugehen, die sich erst vollständig manifestieren, wenn ihr gemeinsam unter einem Dach wohnt. Auch vorher war dir bereits bewusst, dass ihr unterschiedlich seid, aber das war eigentlich nie wirklich Thema. Jetzt, wo ihr verheiratet seid, scheint alles schlimmer zu sein als erwartet.

Tröste dich: Es liegt weder an ihm noch an dir. Es liegt an der Natur, am Wesen des Tiers in uns. Auf dieser und den folgenden Seiten listen wir eine Anzahl häufiger Missverständnisse und heikler Punkte im Umgang mit Männern auf. Du findest zudem ein paar Kommentare, die für die eine vielleicht ein alter Hut, für die andere jedoch ein *eye-opener* sind.

♥ Dein Mann schöpft sein Selbstwertgefühl aus Leistung und dem Lösen von Problemen.

♥ Er findet, dass er seine Probleme selbst lösen muss und wird nur im äußersten Fall einen Experten zurate ziehen.

♥ Er selbst gibt hingegen gerne Ratschläge. Wird er um Rat gefragt, so ist das für ihn ein Kompliment.

Er glaubt, eine Lösung parat haben zu müssen, wenn jemand ein Problem an ihn heranträgt, obwohl es dem anderen vielleicht nur um Mitgefühl oder Verständnis geht. Er meint es auf jeden Fall gut.

 Vertrauen, sich geborgen fühlen, sich trauen sich bloßzustellen, sein wahres Ich zeigen, verletzlich sein, intim miteinander sein. Dies sind für dich wichtige Aspekte als Basis für eine Beziehung. Damit hat er manchmal so seine Schwierigkeiten. Du möchtest mehr Intimität als er. Manchmal mehr, als er zu geben imstande ist. Sei nicht gekränkt, wenn er dein Bedürfnis nach Intimität als Aufforderung zum Sex auffasst.

Er kann dir nicht folgen

Das kommt daher, dass du nicht deutlich genug ausdrückst, was du möchtest.
Du: „Möchtest du nicht eine neue Sitzgarnitur haben? Diese haben wir schon so lange."
Er: „Von mir aus nicht. Ich finde, sie ist in Ordnung." Natürlich bist du schwer enttäuscht. Was zeigt sich letztlich? Du wolltest eigentlich klar machen, dass du drauf und dran bist, eine neue Couchgarnitur zu kaufen. Und er dachte, dass er dir eine normale und direkte Antwort auf deine Frage gegeben hat. Diese Situation schreit jedoch förmlich nach einem Konflikt. Es besteht die große Chance, dass du nun zu weinen anfängst. Bist du traurig? Nein, verärgert. Frauen haben manchmal Schwierigkeiten ihren Ärger auszudrücken und so brichst du in Tränen aus. Er versteht die Welt nicht mehr und fragt sich, ob er dich verletzt hat, wenn er auch keine Ahnung hat, womit.

♥ Wenn er nicht wirklich vertraut mit dir ist, dann vielleicht aus Furcht, verwundbar zu sein, da er glaubt, dass dies später einmal gegen ihn verwendet werden könnte.

♥ Freundschaft ist eine gute Basis für eine Ehe.

♥ Es ist für ihn nicht leicht, Schwächen zuzugeben. Um seinen Platz in der Gesellschaft zu behaupten hat er gelernt, sich unverwundbar zu geben.

♥ Scheinbar weist sein Gefühlsleben weniger Nuancen auf als deines. Abgesehen von Glück und Wut gibt es wenig Anzeichen für dazwischen liegende Emotionen wie Boshaftigkeit, Unsicherheit, Kummer, Verletzlichkeit, Enttäuschung, Eifersucht und Scham. Das kann für dich sehr verwirrend sein. Sei dir bewusst, dass er sehr wohl in der Lage ist, so zu fühlen wie du, aber weil er nicht darüber spricht, kann er dies nicht in Worte fassen oder zeigen.

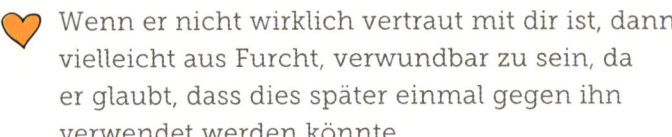

Ungeteilte Aufmerksamkeit

Du hättest gerne seine ungeteilte Aufmerksamkeit, wenn du mit ihm sprichst. Warum nur besitzt er nicht den Anstand, wenn er im Gespräch mit dir ist, seine Aufmerksamkeit auf dich zu richten anstelle mit einem Auge weiter in der Zeitung zu lesen oder in die Glotze zu starren? Er denkt vielleicht, dass dies weniger direkt ist als zu sagen, dass es jetzt gerade nicht passt. Aber so kommt es nicht bei dir an. Wenn du wirklich etwas Wichtiges zu besprechen hast, kannst du vielleicht auch damit warten, bis die Zeitung gelesen oder das Programm im Fernsehen vorbei ist.

Ein Mysterium

Er sagt, dass er nur ein paar Bierchen getrunken hat, doch nach eingehender Befragung wird deutlich, dass es mehrere halbe Liter waren, plus ein paar Schnäpschen. Warum nur lügt er immer, wenn er sagen soll, wie viel er getrunken hat?

♥ Wenn ihn etwas beschäftigt, braucht er Zeit zum Nachdenken, bevor er darüber sprechen kann. Dränge ihn nicht, denn dann zieht er sich noch mehr in sein Schneckenhaus zurück.

♥ Wenn er sich verlaufen hat, wird er nie nach dem Weg fragen. Er gibt nicht gerne zu, dass er ein Problem hat und löst es lieber selbst, auch wenn das viel mehr Zeit und Mühe kostet. Er möchte einfach nicht auf die Hilfe anderer angewiesen sein.

Nichts ärgert eine Frau mehr, als wenn ein Mann schweigt, dem sie die Gelegenheit zum Sprechen gegeben hat.

Gaby van den Berghe

Einem guten Gespräch aus dem Weg gehen

Du bist dir bewusst, dass sich lange nicht alle Probleme einfach so in Luft auflösen. Und er weiß das auch. Warum versucht er dann trotzdem jedes Mal auszuweichen, wenn du ein die Beziehung betreffendes Problem besprechen möchtest? Das ist auf die Dauer für dich total anstrengend. Aber letztlich, wenn es kein Entkommen für ihn gibt, stellt er sich dem doch. Leider nicht, um in die Tiefe zu gehen und das Problem sorgfältig offenzulegen. Nein, er versucht so schnell wie möglich eine Lösung zu präsentieren, um sich schnell wieder etwas anderem widmen zu können. Tröste dich, das ist nicht persönlich gemeint. Männer sind der Ansicht, dass ihre Ehe nicht gut läuft, wenn sie ständig darüber reden sollen. Somit versuchen sie alles, um dem zu entkommen.

❤ Zu Hause redet er viel weniger als bei öffentlichen Gelegenheiten. Bei dir ist es genau umgekehrt. Kommt euch etwas entgegen, zum Wohle eurer Kommunikation.

❤ Glaubt ein Mann, dass seine Frau in jeder Hinsicht zufrieden ist mit ihrer Beziehung, schließt er daraus, dass sie ab diesem Zeitpunkt weiß, dass er sie liebt und er das somit nicht mehr zu zeigen braucht. Lässt er sich also nicht jeden Tag anmerken, was er für dich empfindet, heißt das nicht, dass etwas nicht stimmt. Eher ist das Gegenteil der Fall.

♥ Dein Mann erwartet, dass du das, was er für dich tut und die dahinter liegenden Motive anerkennst und für gut befindest. Er möchte für die Anstrengungen und die Bemühungen, die er sich um Dinge macht, die auch zu deinem Vorteil sind, geschätzt werden.

♥ Männer finden es schrecklich, wenn du ihnen sagst, was sie zu tun haben.

♥ Dein Mann möchte, dass du ihm vertraust und dass du weißt, dass er nur das Beste für dich will. Er möchte von dir angespornt werden, denn so weiß er, dass du ihn schätzt und bewunderst. Dies stärkt sein Selbstvertrauen und ermutigt ihn, das Beste von sich zu zeigen.

♥ Dein Mann wird nicht sofort sagen, dass ihm etwas leid tut, denn er glaubt, dass dies bedeutet, dass er etwas falsch gemacht hat.

NICHT JETZT

Dass Männer nicht die Gesprächigsten sind, wusstest du bereits. Was er bestimmt nicht möchte, ist in dem Moment, wo er nach Hause kommt, darüber zu reden, wie sein Tag war. Das Einzige, was er dann möchte, ist sich entspannen und etwas essen. Eigentlich ist es logisch, dass man sich nach einem Arbeitstag eben mit anderen Dingen beschäftigen möchte. Das kennst du doch selber auch? Wenn du die Geduld aufbringst, einen Moment zu warten, bis er sich entspannt hat, ist er von sich aus offener für ein Gespräch.

💛 Er sagt längst nicht immer, was er von etwas hält. Vielleicht, weil er einfach keine Meinung zu dem hat, was du ihm vorschlägst. Oder es ist ihm egal. Es kann auch sein, dass er Angst hat, das Verkehrte zu sagen und dafür bestraft zu werden.

💛 Er sieht nie, dass du beim Friseur warst oder ein neues Outfit hast. Vielleicht solltest du ihm etwas mehr Zeit geben, um es zu bemerken, doch selbst dann kann es sein, dass es ihm nicht auffällt.

💛 Warum läuft er immer in seinen Freizeitklamotten herum, wo ihm doch ein Anzug so gut steht? Ganz einfach, weil er es bequem mag, wenn er zu Hause ist. Du läufst doch auch lieber in bequemen Schuhen als auf Pfennigabsätzen?

💛 Teilt die Gewalt über den Fernseher auf. Er hat die Neigung, die Fernbedienung für sich zu beanspruchen und den ganzen Abend herumzuzappen. Nimm ihm einfach regelmäßig die Fernbedienung weg und bestimme, was ihr euch anseht. Nein, er wird Frauensendungen oder Opern nie lieb gewinnen, aber wenigstens musst du dir dann nicht Sport oder blutige Gewaltfilme ansehen.

Für eine gute Beziehung ist es wichtig, sich regelmäßig zu verlieben – und das in dieselbe Person.

Mignon McLaughlin

Nun hör doch endlich mal zu!

Männer sind keine guten Zuhörer. Auch nicht bei dir. Wenn du gerade etwas ausführlich dargelegt hast, dann erkennst du an seiner Reaktion, dass er dir gar nicht oder nur mit halbem Ohr zugehört hat.

Du kannst dich darüber echauffieren, aber effektiver ist es, wenn du ihm erzählst, wie du dich fühlst, wenn er dich ignoriert.

Und lerne daraus für das nächste Mal: Sag ihm gleich, was du von ihm willst. Also: „Ich hätte gerne deine Meinung zu dem Problem gehört, das mich beschäftigt." Dann legst du die Sache dar und du wirst sehen, dass er sein Bestes versucht, um dir zu folgen.

Oftmals scheint es auch nur so, dass er dir nicht zuhört, während er einfach dem folgt, was du sagst. Du glaubst nur, dass er das nicht tut, weil Männer die Angewohnheit haben, kaum Augenkontakt mit ihren Gesprächspartnern aufzunehmen. Wenn er also während eines Gespräches umherblickt, so kann das bedeuten, dass er sich konzentriert.

Zudem braucht er Zeit, um über seine Antwort nachzudenken, weil es ihm öfters widerfahren ist – und dessen ist er sich sehr bewusst – dass es auch richtig schiefgehen kann.

Aufgaben, Rechte und PFLICHTEN

Früher war der Mann Geldverdiener, Haupt und Beschützer der Familie. Sein Wille war Gesetz. Die Frau machte den Haushalt und kümmerte sich um die Kinder und die sozialen Kontakte. Heutzutage ist es normal, dass Frauen einer außerhäuslichen Tätigkeit nachgehen und finden, dass auch Männer einen Teil des Haushaltes und die Betreuung der Kinder übernehmen sollten. Männer müssen lernen, dass sie deshalb keine Weichlinge sind und dass es ihr Leben bereichert, wenn sie Betreuungsaufgaben übernehmen und sich um die Kinder kümmern.

Wer macht was und wann? Das sind Fragen, die nicht früh genug in eurer Beziehung gestellt und beantwortet werden können.

Die Aufteilung von Haushaltsaufgaben und ähnlichen Dingen verläuft nicht immer zur allgemeinen Zufriedenheit. Dies ist ein Lernprozess, der nicht ohne Reibungen und Zusammenstöße vonstatten geht. Somit wird die Aufgabenverteilung schnell zu einer Quelle des Unfriedens und kann eine weiterhin glückliche Beziehung untergraben.

Zum Glück gibt es Lösungen und Ideen, dies zu verhindern.

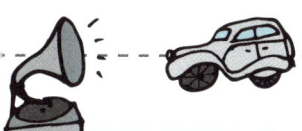

Wenn ihr zu wenig Zeit und Energie für bestimmte Aufgaben und Pflichten habt, könntet ihr erwägen, hierfür jemanden einzustellen.

Mache eine Liste mit allen Dingen, die im Alltag anfallen. Kreuzt beide die Dinge an, die ihr gut könnt und die ihr am liebsten macht. Verteilt die übrig gebliebenen Aufgaben, indem ihr wechselseitig eine wählt.

Lerne zu planen. Mache eine Haushaltsliste. Oben stehen schöne Dinge, die ihr zusammen machen könnt und Zeit für dich.

Setze Prioritäten. A wichtig, B weniger wichtig, aber notwendig, C wäre schön, D nur, wenn noch Zeit und Energie übrig sein sollte ...

In dem Maße, wie du mehr Geld verdienst und mehr Verantwortung im Beruf übernimmst, werden deine Haushaltspflichten selbstverständlich weniger und die deines Mannes mehr. Ja, das verlangt Flexibilität und das geht nicht ohne den einen oder anderen Schubs oder Stoß vonstatten. Jedoch, sollte die Verteilung nicht gerecht sein oder als ungerecht empfunden werden, so wird sich früher oder später zeigen, wo der Schuh drückt.

81

Für viele Männer ist es wahrscheinlich nicht leicht, die Macht zu teilen und nicht mehr das unangefochtene Oberhaupt der Familie zu sein. Sie fürchten um ihre Männlichkeit. Auch die Tatsache, dass ihre Frau unabhängiger wird, kann bedrohlich sein. Sie könnte ihn nicht mehr brauchen und ihn verlassen. Auch wenn es stimmt, so ändert es nichts an der Realität. Verteilt also die Haushaltsangelegenheiten und alltäglichen Aufgaben gerecht und nach Tragfähigkeit und Leistungsvermögen.

Erstellt ein Schema, aus dem hervorgeht, welche Aufgaben wann und von wem erledigt werden. Besprecht ebenfalls, was ihr essen wollt und wer kocht. Geht anfangs zusammen einkaufen, das verteilt die Last und ihr lernt einander gleichzeitig besser kennen.

Mann und Frau können einander gar nicht besser kennenlernen, als wenn sie zusammen in einem kleinen Zelt im Regen campen.
Wim Kann

Zeug aufräumen

Was ist das Romantischste, das du für deinen Mann tun kannst? Es ist weder Blumen mitbringen noch ein Essen bei Kerzenschein, sondern mitzuhelfen beim Erledigen nerviger Dinge, damit er wieder Energie tanken kann für die schönen Dinge zu zweit.

Außerdem könnt ihr dann bereits im Supermarkt zusammen entscheiden, was ihr essen wollt. Hänge an einem geeigneten Ort, zum Beispiel in der Küche, eine Wochenübersicht auf mit den zu erledigenden Aufgaben und wem sie zugeteilt sind. Sollte die Erledigung der Dinge trotz eurer sorgfältigen Absprachen über deren Verteilung zu wünschen übrig lassen, dann nörgele nicht oder, noch schlimmer, spiele die Rolle seiner Mutter, denn das ist nicht besonders förderlich für die Liebe. Ebenso ist es keine positive Vorgehensweise, ihn vorwurfsvoll anzugucken, während du die schweren Einkäufe alleine nach drinnen schleppst, denn schließlich kann er keine Gedanken lesen. Alles absichtlich verlottern lassen ist auch keine so gute Idee, denn das wird er nicht mal merken. Also stellst du dir damit nur selbst ein Bein.

Logisch bist du irritiert, aber du hast mehr davon, lösungsorientierte Maßnahmen zu ergreifen oder, besser noch, von vornherein zu verhindern, dass er es vergisst. Versprich eine Belohnung oder Gegenleistung, wenn er seinen Teil erledigt. Das mag sich anhören, als würdest du über ein Kind sprechen, aber auf einigen Gebieten ist er nun mal nicht so erwachsen wie du.

Schlimm, schlimmer,
AM SCHLIMMSTEN

Manchmal kannst du dich ziemlich über seine Fehler aufregen. Was haben sie ihm zu Hause eigentlich beigebracht? Wie man einen Haushalt führt? Er ist ja sogar unfähig, seine Wäsche selber in die Waschmaschine zu stecken! Nein, wo er sich die Klamotten auszieht, da bleiben sie liegen. Als wenn er sagen wollte: Räum du das doch weg. Ist es nicht zum Heulen?

Da fallen doch die kleinen Dinge, die dir unterlaufen, gar nicht ins Gewicht. Gut, du verstellst jedes Mal den Autositz, sodass er ihn wieder zurückstellen muss, aber es ist doch auch dein Auto? Und dass du nie den Deckel auf die Zahnpastatube schraubst, das ist doch eigentlich eher eine charmante Nachlässigkeit? Es bringt ihn auch auf die Palme, wenn du mit deiner Schwester und deinen Freundinnen telefonierst: Stundenlanges

Wenn ein Mann eine Frau ehelicht, so ist dies das größte **Kompliment**, das er ihr machen kann und für gewöhnlich auch das letzte.

Helen Rowland

In der Ehe stammen Drehbuch und Regie vom Mann, Text und Vertonung von der Frau.

Frederico Fellini

Gerede über nichts, findet er, während dies inzwischen für dich manchmal die wertvollsten Momente des Tages sind. Eure Zwistigkeiten drehen sich in der Tat um nichts. Und doch können sie mit den Jahren zu einer Verschlechterung der Beziehung beitragen. Es ist besser, einfach darüber zu sprechen. Nicht vorwurfsvoll, übertrieben oder beleidigend, sondern du solltest einfach klar zum Ausdruck bringen, was du so ärgerlich findest. Und du solltest die Frage in den Raum stellen, wie das gelöst werden kann. Natürlich musst du ihm das Gleiche zugestehen.

Wenn ihr eure Fehler gegenseitig akzeptiert, wächst eure Beziehung. Verständnis und Toleranz sind nicht immer einfach, sorgen aber für eine glückliche und dauerhafte Beziehung. Und sag es selbst ... wenn die Unterhose neben dem Wäschekorb der einzige Vorwurf ist, den du ihm machen kannst, dann hast du es mit ihm wirklich nicht so schlecht getroffen.

FALLS DEIN MANN NOCH MIT SEINER EX BEFREUNDET IST ...

... so zeigt dies, dass er die Beziehung auf erwachsene Art beendet hat. Augenscheinlich hat er die andere Frau während der Beziehung gut behandelt. Dies bedeutet auch, dass dein Partner ein angenehmer Mensch und imstande ist, positive Beziehungen zu pflegen.

So geht man (nicht) MITEINANDER um

Früher hatte Frau Freundinnen, mit denen sie allerlei Alltägliches teilte, aber mit dem Gatten wurden die wirklich wichtigen Angelegenheiten besprochen. Heutzutage haben Frauen intimere Beziehungen zu Freundinnen und wenig Zeit. Also werden gewöhnliche Alltagsdinge ausgelassen, um schnell zur Sache kommen zu können.

Sie führen tiefgreifende Gespräche, die auch persönliche und die Beziehung betreffende Details nicht aussparen. So verfestigen sie ihre emotionalen Verbindungen weiter, die oft stärker sind als die zu Mann oder Familie.

Wenn dein Mann nicht immer für dich offen ist, dann kann es schon sein, dass du auch dein Gefühlsheil bei deinen Freundinnen suchst. Das muss für ihn nichts Bedrohliches sein, solange er den Hintergrund hierzu kennt.

Den größten **VORTEIL** der Ehe sieht ein Mann darin, dass er einen Ort hat, wo er sich unangenehm aufführen und sich seiner **SCHLECHTEN LAUNE** entledigen kann.

Etienne Rey

Und er wiederum profitiert davon, dass du nicht von ihm erwartest, dass er immer deine emotionalen Bedürfnisse erfüllt.

Es kann zudem sein, dass du (platonische) Beziehungen zu Männern unterhältst, zum Beispiel deinen Kollegen. Deine Mutter darf nicht mal dran denken, aber auf dich bezogen findest du nichts Schlimmes dabei. Ist er nicht selbst auch mit Frauen befreundet, ohne Hintergedanken? So what?

Er beschwert sich ...

... vielleicht darüber, dass du oft ärgerlich oder launisch bist, dabei bist du in der Tat nur groggy. Todmüde von der Doppelbelastung durch Arbeit und Haushalt. Sehr wahrscheinlich bist du der Meinung, dass dein Mann nicht genug im Haushalt macht. Das kann damit zusammenhängen, dass er es einfach nicht besser weiß, weil er aus einer Familie stammt, wo die meisten Aufgaben von der Mutter erledigt wurden. Also musst du ihm dabei helfen, sich daran zu gewöhnen, dass es bei euch anders sein wird. Du wirst sehen, dass er sein Bestes tun wird und die Ärmel hochkrempelt, wenn du ihn geradeheraus darum bittest. Darauf zu warten, dass er es von selbst tut, ist wahrscheinlich zu viel des Guten. Du solltest bedenken, dass du bereit sein musst, einen Teil der Kontrolle über den Haushalt abzugeben. Wenn er bügelt, wird er dies vielleicht anders machen als du es für richtig hältst. Das heißt nicht, dass er es nicht gut macht.

Die Kunst des STREITENS

Wenn zwei Menschen ihr Leben miteinander teilen, kann das viele glückliche, romantische Stunden bedeuten, aber auch heftige Streits, zugeschlagene Türen und wütende Eheleute. Streit gehört dazu, dem entkommst du nicht. Es gibt jedoch einige Spielregeln, die es zu befolgen gilt. Dann bleiben eure Auseinandersetzungen konstruktiv und tragen zur Dauerhaftigkeit eurer Beziehung bei.

STREITREGELN

♥ Streitet euch nur, wenn niemand anders dabei ist.

♥ Beschränke dich auf das Thema der Auseinandersetzung und ziehe nicht auch noch alles andere, was dir quer sitzt, mit hinein.

Liebe: Eine vorübergehende Form der Geistesgestörtheit, die durch Heirat geheilt wird.

Ambrose Bierce

♥ Mache keinen Charaktermord aus der Sache. Also: „Ich finde es nicht gut, dass du deine Socken nicht wegräumst." und nicht: „Du bist ein Dreckspatz."

♥ Gib deinem Partner die Chance, dass er würdig aus der Sache herausgehen kann.

♥ Ziel der Auseinandersetzung ist nicht, dass es zum Schluss einen Gewinner gibt, sondern dass ihr einander besser begreifen lernt.

♥ Suche immer die Balance zwischen Geben und Nehmen, mache Kompromisse und kommt euch entgegen.

SO FUNKTIONIERT ES NICHT:

🍋 Sofort zum Angriff übergehen.

🍋 Ekel für den Partner zeigen.

🍋 Beschimpfen, Sarkasmus, Beleidigungen.

🍋 Das Thema aus den Augen verlieren und persönliche Angriffe starten.

So war das FRÜHER …

AUSSTEUER

Wer heutzutage heiratet, hat meistens schon alleine oder mit jemandem zusammengewohnt und somit allerlei (Einrichtungs-)Gegenstände gekauft oder bekommen.

Das war früher anders. Die meisten Paare heirateten, als sie noch zu Hause wohnten und hatten somit noch nichts.

Der Braut gab man ihre Aussteuer (ohne Aussteuer keine Heirat), bestehend aus Handtüchern, Geschirrtüchern, Tischdecken und mit Spitzen verziertem Bettzeug. Dieser Brautschatz wurde zusammengespart oder von speziellen Beraterinnen und Agentinnen von Textilbetrieben gekauft. Diese kamen mit riesigen Musterkoffern zu den jungen Frauen nach Hause.

Während des Hochzeitsempfangs wurde die Aussteuer um nützliche Haushaltsgegenstände erweitert. Viele Menschen waren arm und die Geschenke somit sehr einfach, wobei Pfeffer- und Salzstreuer die eindeutigen Favoriten waren; von denen bekam ein Hochzeitspaar im Schnitt vier Sets geschenkt.

FAMILIENOBERHAUPT

Der Mann war noch das unangefochtene Haupt der Familie („Der Mann ist der Kopf, die Frau jedoch der Hals. Und wenn sich der Hals dreht, dann dreht sich

der Kopf mit", genauso eine Weisheit wie die, dass
„der Mann isst, was die Frau kocht").
Erst in den 70er-Jahren des vorigen Jahrhunderts
wurde er per Gesetzesbeschluss seiner Position
enthoben.
Bis weit ins 20. Jahrhundert war der Mann der Kost-
verdiener und seine Hauptaufgabe im Haushalt
bestand darin, über größere Anschaffungen wie
Staubsauger oder Waschmaschine zu entscheiden.
Er musste, denn noch bis 1956 durften Frauen
offiziell keine Geschäfte abschließen.

ERZIEHUNG

Die Erziehung der Nachkommen lag in den Händen
der Frau und Mutter. Vaters Hilfe wurde nur
hinzugezogen, um seine Hand zu schwingen, wenn
sich die Rasselbande zu undiszipliniert aufführte
und Mutter das Gefühl hatte nicht mehr allein damit
fertig werden zu können.

WACHSENDE LIEBE

Das romantische Liebesideal, so wie wir es heute
kennen, war damals alles andere als selbstverständlich. Damals gab es ganz andere Heiratsmotive, um
in den Hafen der Ehe einzufahren, als brennende
Liebe.
Es geschah regelmäßig, dass Frau nicht den Partner
ihrer Wahl heiratete, sondern jemanden, den die
Eltern für geeignet hielten. Oder jemanden, mit
dem der außereheliche Geschlechtsverkehr nicht
ohne Folgen geblieben war. Doch dass es zu Beginn
noch keine gegenseitige Liebe war, musste keinen
Qualitätsmangel für die Ehe bedeuten.
Liebe konnte mit den Jahren wachsen. Tatest du
dein Bestes, hatte die Ehe eine gute Chance.
Aber es gab natürlich auch Ehen, in denen sich
Mann und Frau bis zum bitteren Ende mit ihren
Nachnamen ansprachen. Oder Bauernehen, wo
der Bauer den Arzt kommen ließ, wenn das Pferd
erkrankt war, aber nicht bei der Frau.

HAUSHALTSBUCH

Mit Pfennigen und Groschen wurde in einer
Spardose der Haushalt zusammengespart.

In einem Haushaltsbuch wurden alle Ausgaben sorgfältig aufgeführt. Einmal pro Woche kam Fleisch auf den Tisch: Hackbällchen, Kalbsfilets mit viel Panade oder Kohlrouladen. Für Luxus war kein Geld übrig. Aber das galt für jeden und darum war es auch nicht so schlimm.

BIS DASS DER TOD EUCH SCHEIDET

Als sich deine Urgroßeltern das Jawort gaben, wurde von ihnen erwartet, dass sie für den Rest ihres Lebens zusammenblieben und dass sie sich sofort auf ihre Pflichten und die Entwicklung ihres Lebens konzentrierten.

Insbesondere die Frau musste ihren Pflichten – darunter auch die Pflicht zum Beischlaf – ohne Murren nachkommen.

Hegte der Mann keine zärtlichen Gefühle für seine Frau, so lag es ohne Zweifel an ihr. Dann hatte sie nicht ihr Bestes gegeben. Frauen hatten einen untergeordneten Rang in der Ehe, mussten ihre Gebrechen unterdrücken und ihren Ärger hinunterschlucken. Sie hatten ihre zarten und liebenswerten Eigenschaften zu entwickeln.

DOCH SEIT DAMALS hat sich glücklicherweise viel getan und du kannst deine Ehe ganz anders angehen, sie selber mitgestalten und das Beste daraus machen. Denn das gemeinsame Leben von Mann und Frau gehört zu den schönsten und bereicherndsten Dingen auf der Welt – und gemeinsam könnt ihr alles schaffen ...

Gute Wünsche ...

... und viel Spaß!

LAPPAN

Triff uns auf
facebook.com/Lappan Verlag
und auf
instagram.com/lappanverlag

www.lappan.de

Tipps und Tricks ...

Bildnachweis:
Titelseite: Deb Clark/Shutterstock, iStock by getty images,
S. 13: Syda Productions/Shutterstock.com,
S. 36: Photographee.eu/Shutterstock.com,
S. 53: iStock by getty images

ISBN 978-3-8303-6345-3
1. Auflage der vollständig überarbeiteten Neuauflage
Alle Rechte vorbehalten. Das Werk darf – auch teilweise –
nur mit Genehmigung des Verlages wiedergegeben werden.

© Text: Annelies von Grinsven | Heleen Tichler
Originaltitel: »Getrouwd voor beginners – Zij«
Arranged through mediation of Uitgeverij Lannoo nv
www.lannoo.com

© der deutschsprachigen Ausgabe 2012, 2019: Lappan Verlag
in der Carlsen Verlag GmbH, Oldenburg/Hamburg

Aus dem Niederländischen übersetzt von Dr. Anja Blume
Lektorat: Constanze Steindamm
Gestaltung | Herstellung: Monika Swirski

Druck und Bindung:
Livonia Print

Printed in Latvia

www.lappan.de

MIX
Papier aus verantwor-
tungsvollen Quellen
FSC
www.fsc.org
FSC® C002795